国家重点研发计划项目(2018YFC0810600)
浙江省自然科学基金国际合作项目（LH19G030001）
杭州市哲学社会科学规划课题基地项目（2018JD47）
联合资助

王卫东　秦挺鑫　著

NPO的社会责任及其网络化治理：

以社会救援组织为例

中国社会科学出版社

图书在版编目（CIP）数据

NPO 的社会责任及其网络化治理：以社会救援组织为例 / 王卫东、
秦挺鑫著 . —北京：中国社会科学出版社，2019.11
ISBN 978 - 7 - 5203 - 5599 - 5

Ⅰ.①N…　Ⅱ.①王…　Ⅲ.①社会团体—社会责任—研究—中国
Ⅳ.①C232

中国版本图书馆 CIP 数据核字（2019）第 256571 号

出 版 人	赵剑英
责任编辑	王莎莎
责任校对	张爱华
责任印制	张雪娇

出　　版	中国社会科学出版社
社　　址	北京鼓楼西大街甲 158 号
邮　　编	100720
网　　址	http://www.csspw.cn
发 行 部	010 - 84083685
门 市 部	010 - 84029450
经　　销	新华书店及其他书店

印　　刷	北京君升印刷有限公司
装　　订	廊坊市广阳区广增装订厂
版　　次	2019 年 11 月第 1 版
印　　次	2019 年 11 月第 1 次印刷

开　　本	710 × 1000　1/16
印　　张	14.75
插　　页	2
字　　数	213 千字
定　　价	88.00 元

凡购买中国社会科学出版社图书，如有质量问题请与本社营销中心联系调换
电话：010 - 84083683

前　言

　　我国正处在社会治理体制转型的关键时期。党的十八届三中全会首次提出，要"加快形成科学有效的社会治理体制""改进社会治理方式""提高社会治理水平"。从此，社会治理被提到一个新的战略高度。如何推进我国社会治理体系和治理能力现代化，已经成为一个重要的研究课题。

　　社会治理是政府、社会、公众等多元主体共同对社会事务进行协调并采取有效措施持续治理的过程，是公共治理理论在社会领域内的一种直观表现，是国家治理体系的重要组成部分。一方面，我国正处于社会转型的关键时期，经济体制的深刻变革、社会结构的深刻变动、利益格局的深刻调整和思想观念的深刻变化，使得社会矛盾急剧集聚，社会事务日益复杂化和多元化，各种社会不稳定性因素相互作用，传统以"管理"为特征的政府单一化管控方式遭遇失效的危机，亟须重构新的社会治理体制。另一方面，近些年来，我国公民社会意识逐步增强，社会组织快速发展，一种以社会协同为基础、互动结合的社会治理体制模式正在逐渐形成和完善。这些都为我国社会治理发展提供了现实条件，社会治理发展成为新时期推进我国特色社会主义建设的实践总结和必然选择。①

　　改革开放后，我国非营利组织（NPO）进入快速发展阶段。伴随着社会主义市场经济体制的逐步确立和政府职能的转变，NPO 承

---

　　①　杨和平：《"善治"视角下我国社会治理路径探析》，《贵阳市委党校学报》2014年第 2 期。

担起越来越重要的社会责任，法律地位也逐渐得到社会认可。NPO
的数量增长迅速，组织业态扩展到众多行业，包括公民权益保护、
环境保护、社区服务、扶贫开发、科学研究、应急救援、慈善服务
等多个领域，发挥着政府和企业不可替代的作用，是政府与社会、
政府与企业间沟通的桥梁与平台。[①]

　　社会救援组织是 NPO 的典型代表。社会救援组织主要是由企
业、社会公益组织或志愿者创办，具有一定的技术能力，致力于防
灾减灾救灾活动的非营利组织。目前，社会救援组织已经成为我国
防灾救灾体系中一支不可或缺的重要力量，发挥着日益重要的作
用。据不完全统计，目前国内有超过 1000 支社会救援队伍，其救
援范围涵盖山地救援、城市综合救援、水上救援、地质灾害救援等
多个领域。社会救援组织在应急救援、社会捐助、提高社会的防灾
救灾意识和开展帮扶上发挥了积极作用，得到了政府部门的肯定和
社会公众的广泛认可。因此，选择社会救援组织为例，研究 NPO
的社会责任，具有广泛的代表性和典型性。

　　概括起来，本书成果的形成依次经历了以下几个阶段：

　　第一阶段，确定选题。2016 年以来，作为中国应急管理学会
社区安全委员会专家委员，在参加学术会议等学会活动期间，我及
时追踪国内外应急管理的前沿动态和最新研究成果。在一个偶然的
机会，通过新媒体我看到了社会救援组织浙江省公羊队参加救援活
动的报道，了解到社会救援组织近年来在我国日益壮大并发挥了重
要作用，从此开始关注社会救援组织这个有关 NPO 及其社会责任
的研究课题。

　　第二阶段，案例调查。从 2016 年 6 月开始，我带领学生对浙
江省公羊队开展田野调查。我们通过深度访谈、问卷调查、数据检
索和文档查阅等方式，对浙江省公羊队的诞生历程、发展成就、机
制优势、面临挑战等展开全面调研。其间，我们的调研成果先后参
加了首届中国大学生公共管理案例分析大赛、第十五届"挑战杯"

---

① 马源泉：《非营利组织发展问题探索》，《现代经济信息》2018 年第 6 期。

全国大学生课外学术科技作品竞赛、浙江省第十五届"挑战杯"大学生课外学术科技作品竞赛和浙江省大学生首届公共管理案例分析大赛等多次全国性和浙江省大学生学科竞赛与课外科技创新活动，并获得多项荣誉。同时，研究成果也得以不断深化和完善。

第三阶段，课题申报。在前期调研基础上，我不断完善和深化相关研究结论，所取得的阶段性研究成果先后尝试申报了国家社科基金后期资助项目、浙江省哲学社会科学规划项目。2018 年 6 月，研究成果《NPO 的社会责任及其网络化治理——以社会救援组织为例》被批准立项为 2018 年度杭州市哲学社会科学规划课题基地重点项目（编号 2018JD47）。

第四阶段，书稿修改。紧紧围绕 NPO 的社会责任这一研究主题，本书基于网络化治理理论和探索性案例分析，运用扎根理论分析、问卷调查和统计分析等方法，研究社会救援组织的社会责任及其治理机制。并从标准化的理论视角进一步深化本书研究内容，提出了完善社会救援组织治理机制的标准化战略。自 2016 年 6 月确定选题，经不断充实完善和多次修改，至 2019 年 8 月，最终完成呈现给读者的这部专著。

本书的主要观点是：

第一，社会救援组织承担社会责任具有重要意义。随着我国经济社会快速发展，社会力量逐渐发展成长为救灾工作的一支重要力量，在现场救援、款物捐赠、物资发放、心理抚慰、灾后恢复重建等方面发挥了重要作用。社会救援组织的发展在加速政府职能转变，并有效弥补其缺陷的过程中，组织自身也得到发展和完善，更好地承担社会责任。社会救援组织有利于推动社会治理体系和治理能力的现代化。实现基层社会治理现代化是推进国家治理体系和治理能力现代化的应有之义和重中之重。最后，社会救援组织有利于倡导和塑造全民公益的社会风尚。社会救援组织的救援事迹，将它们无私奉献、服务社会的理念和价值观传播给社会，起到了榜样和示范效应，在一定程度上增强了民族向心力和凝聚力。

第二，社会救援组织具有承载社会责任的机制优势。社会救援组织有自主性灵活性强、反应迅速、效率高的优势，可以在灾害发生的第一时间获取受灾信息，拓宽信息采集渠道，开展专业的救援工作，争取救援时间，挽救更多人的生命。社会救援组织在社区安全服务、山地搜寻等特殊领域的防灾减灾救灾工作中具有专业优势。社会救援组织贴近人民群众的日常生活，可以满足个性化的救灾需求。政府在实施救灾活动时，因资源限制，无法对灾民的个性化需求作出及时反应，社会救援组织的介入弥补了这一缺陷，让救灾活动更为人性化和有针对性。

第三，社会救援组织的治理机制有待于完善和创新。目前我国社会救援组织在参与防灾减灾救灾过程中存在的机制问题，主要表现在组织运作资金短缺、专业化水平有待提高、政府支持力度有待加强和社会发展环境有待改善等几个方面。社会救援组织的运行机制、与相关社会主体的协调及其外部社会发展环境都存在诸多问题，限制了其组织规模的发展壮大和组织职能的发挥。如何正确处理社会救援组织和政府职能部门、政府专业救援力量、行业协会和服务机构、社会公众的相互关系，不断完善和创新社会救援组织治理机制，是关系到社会救援组织健康发展的迫切问题。本书运用社会网络和扎根理论分析方法构建了社会救援组织参与机制的网络化治理概念模型，归纳出完善社会救援组织治理机制的四个主范畴，即"制度保障机制""组织治理机制""沟通协调机制""社会支持机制"。

第四，必须构建社会多元联动的防灾减灾救灾网络。应该坚持积极培育、鼓励支持、统筹协调、引导规范、完善监督、自愿自助的社会救援组织治理原则。制定和完善社会力量参与防灾减灾救灾的政策法规、行业标准、行为准则，搭建社会救援组织的协调服务平台和信息导向平台。鼓励支持社会力量全方位参与常态减灾、应急救援、过渡安置、恢复重建等工作，构建社会化防灾减灾救灾格局，实现由政府单一主体向社会多元联动的防灾减灾救灾网络化治理模式转变。

目　录

第一章　绪论

第一节　研究背景与意义

改革开放以来，随着市场化进程和政府职能的转变，我国非营利组织（NPO）发展迅速，在社会治理体系中扮演着日益重要的角色。如何不断完善 NPO 的治理机制，推动其积极承担社会责任，是当前政府、社会组织和专家学者共同面临的重要课题。本书以 NPO 中的社会救援组织为研究对象，分析当前我国 NPO 的网络化治理机制优势及其问题，提出完善对策和建议，旨在探讨 NPO 如何更好承担其社会责任，完善社会治理体系。

一　社会救援组织在我国防灾减灾救灾体系中日益发挥重要作用

"十二五"以来，我国各类自然灾害呈多发频发态势，年均造成 3.1 亿人次受灾，直接经济损失 3800 多亿元。尤其是 2012 年京津冀特大暴雨洪涝；2013 年四川芦山地震和甘肃岷县漳县地震，2014 年云南鲁甸地震和"威马逊"超强台风；2015 年波及我国西藏日喀则地区的尼泊尔强烈地震等重特大自然灾害，对灾区经济社会发展造成严重影响。[①]

虽然我国自然灾害和突发事件频发，但防灾救灾体制依然是以国家组织和动员模式为主，救灾任务十分繁重，迫切需要充分调动

---

① 韩秉志：《我国防灾减灾保障网发挥有效作用　防灾减灾体系不断健全》，2016 年 5 月 18 日，中国经济网—《经济日报》（http://www.ce.cn/xwzx/gnsz/gdxw/201605/18/t20160518_11707625.shtml）。

各方面积极性，形成统筹协调、有序协作的救灾合力。随着我国经济社会的转型发展，社会救援组织逐渐成长为防灾减灾救灾体系中的一支重要力量，在现场救援、款物捐赠、物资发放、心理抚慰、灾后恢复重建等方面发挥了重要作用，并在一些特殊救援领域更具专业优势，在洪涝灾害、雪灾、干旱、地震等救援活动中发挥着越来越重要的作用，为保障民众的生命健康安全作出了重要贡献。由此可见，培育和引导社会救援组织的健康发展具有重要意义。

据不完全统计，截至 2018 年，我国已有 1000 余支社会救援队伍，它们凭借自身的特长和优势，在国内外各大救援活动中崭露头角，为社会救援工作提供了有力的支持，成为多元救灾力量中的重要组成部分，在社会捐助、强化社会的防灾救灾意识和开展帮扶性救援活动中发挥了许多积极作用，不仅得到了政府部门的肯定，同时也得到了民众的广泛认可。

二 统筹社会救援组织社会责任和有序参与的政策法规陆续出台

2015 年 8 月，民政部制定印发的《关于支持引导社会力量参与救灾工作的指导意见》（以下简称《意见》）指出，针对社会力量参与救灾的重要作用及暴露出的问题，政府将坚持"政府主导、协调配合；鼓励支持、引导规范；效率优先、就近就便；自愿参与、自助为主"的原则，落实完善政策体系、搭建服务平台、加大支持力度、强化信息导向、加强监督管理五项主要任务，进一步加强体制机制创新，营造社会力量有序参与救灾的政策环境和活动空间，促进社会力量更好地发挥作用。《意见》同时要求把支持引导社会力量参与救灾纳入政府灾害治理体系和综合防灾减灾规划，将社会力量参与救灾作为本地自然灾害救助应急预案的重要内容；主动为志愿参与救灾工作的社会力量提供政策咨询等服务，为救灾志愿者服务登记提供便利；广泛宣传社会力量参与救灾工作的作用、意义、成效和典型事迹，表彰奖励并大力宣传优秀的社会救灾组织和个人，营造社会力量参与救灾的良好氛围。2016 年 12 月 19 日发布的《中共中央、国务院关于推进防灾减灾救灾体制机制改革的意见》指出健全社会力量参与机制。坚持鼓励支持、引导规范、效率优先、自愿自助原则，研究制定和完善社会力量参与防灾减灾救灾的相关政策法规、行业标准、行为准则，搭建社会组织、志愿者等社会力量的协调服务平台和信息导向平台。完善政府与社会力量协同救灾联动机制，落实税收优惠、人身保险、装备提供、业务培训、政府购买服务等支持措施。建立社会力量参与救灾行动评估和监管体系，完善救灾捐赠组织协调、信息公开和需求导向等工作机制。鼓励支持社会力量全方位参与常态减灾、应急救援、过渡安置、恢复重建等工作，构建多方参与的社会化防灾减灾救灾格局。

三　我国社会救援组织社会责任与管理模式仍存在诸多问题

社会救援组织是社会组织的重要组成部分，近年来随着专业化程度的提高和管理体系的完善，在防灾减灾救灾体系中扮演着越来越重要的角色。但是，目前我国社会救援组织诞生时间比较短，自身治理机制不健全，社会救援组织的社会责任，与相关社会主体的协调及其外部社会发展环境都存在诸多问题，限制了其组织规模的发展壮大和组织职能的发挥。

如何正确处理社会救援组织和政府职能部门、政府专业救援力量、行业协会和服务机构、社会公众的相互关系，更好地发挥社会救援组织的社会责任和机制优势，不断完善国家防灾减灾救灾体系的组织网络。这是当前社会治理面临的一项重要而紧迫的任务，也是公共危机管理的一个重要理论课题。

第二节　国内外研究评述

一　关于 NPO 的概念及其社会责任

对于非营利组织理论的研究主要有政府失灵理论、合约失灵理论、第三方管理理论、政府—非营利组织关系的类型学以及政府、市场、志愿部门相互依赖理论等。这五种理论都从某个视角对非营利组织的存在作出了解释，它们为非营利组织绩效评估的发展提出了理论基础。在进行非营利组织绩效评估时也需要体现出这样的特点。但是在实践中，其类型众多。在进行绩效评估的时候，需要根据非营利组织的具体特点，构建合适的非营利组织绩效评估方法。①

近年来，随着非营利组织数量的增多，许多研究已经开始全面评估国内非营利组织的运作情况。但是，对于非营利组织的绩效研究目前尚不足充分评估其运营的表现。我国目前的研究主要集中在如何构建非营利组织的业绩评价体系，对于其业绩评价的实证研究比较缺乏。影响非营利组织业绩的因素很复杂，国内外缺乏深入的研究。从研究现状来看国内外对该领域的研究较少，也没有形成比较公认的综合性观点，因此需要对非营利组织的业绩评价做进一步的深入研究，找出问题的关键所在，从而建立起完善的评价机制和规范的内容，并应用到实践中去。②

关于非营利组织社会责任的研究。陈晓春、张娟（2007）认为，非营利组织负有社会公共责任，他们对"公益腐败"等 NPO 履行公共责任中出现的问题进行了深入分析，认为 NPO 应从加强诚信文化建设、公开透明管理活动、完善自律互律他律三种监督方式、建立法人治理的董事会制度等方面构建社会公共责任体系。③沈梁燕（2013）指出，非营利组织的失信行为严重影响了非营利组织在公众心目中的神圣形象，打击了公众对非营利组织的信心，也严重影响到了非营利组织的长远发展。因此，非营利组织公信力的研究具有重要的意义。近年来，国内学者关于非营利组织公信力的研究成果较丰富，主要集中于公信力的内涵、失信的表现及成因、公信力的评估、公信力提升路径四个方面。但是，学者的研究

---

① 夏炜、叶金福等：《非营利组织绩效评估理论综述》，《软科学》2010 年第 24 卷第 4 期。

② 袁晓红：《非营利组织业绩评价文献综述》，《山东纺织经济》2018 年第 1 期。

③ 陈晓春、张娟：《非营利组织的社会公共责任探析》，《中国行政管理》2007 年第 12 期。

还需在基础性理论、实效性和研究方法上有所改进。[1]

卢春梅（2016）在分析了我国非营利组织承担社会责任的现状及原因之后，从四个方面提出了促进我国非营利组织承担社会责任的对策，即建立完善的法律政策体系，增强非营利组织服务社会的活力；加大政府扶持力度，提高非营利组织承担社会责任的能力；健全政府向非营利组织购买服务的方式，推动非营利组织承担社会责任；加强自身建设，提升非营利组织承担社会责任的自觉性。[2]

二　关于社会救援组织参与机制的优势与作用

马格努森·李（Magnussen Li，2018）调查了挪威北部海事危机期间公共部门、私人和志愿者组织之间的合作，重点是他们之间的学习和合作，以及调查参与者在学习和实用方面的感知协作培训。有研究结果表明，各种社会组织和志愿者在风险管理和危机应对中发挥了重要作用。例如，Wingrove，K.；Barbour，L. 和 Palermo，C.（2017）探讨了澳大利亚慈善食品部门社区组织的能力，为遭受粮食危机的人们提供营养食品。Schenk，E. J. 等人的研究成果（2017）确定了 2008 年 5 月 12 日汶川地震应对一年后，中国医疗救援人员临床上显著的创伤后应激障碍（PTSD）的危险因素。Zaw，T. N. 和 Lim，S.（2017）使用社会网络分析方法研究了州/省级灾害管理的有效性和行动者的角色，特别是军队在缅甸 2015 年洪水期间在网络中的作用。

李峰（2013）从速度、专业、补充和沟通四个方面分析了社会组织参与灾害救援的优势。[3] 综合相关文献，国内学界认为社会救援组织的特殊优势主要集中在以下几个方面。首先，社会救援组织因其自主性、灵活性和对需求的敏感性，能够在灾害发生时迅速反

---

[1]　沈梁燕：《国内非营利组织公信力的研究综述》，《合肥工业大学学报》（社会科学版）2013 年第 1 期。

[2]　卢春梅：《我国非营利组织承担社会责任问题研究》，硕士学位论文，齐齐哈尔大学，2016 年。

[3]　李峰：《我国灾害救援中的社会组织参与》，《中国减灾》2013 年 8 月。

应，并及时采取行动。其次，社会救援组织更接近灾民，有利于满足救灾方面的个性化需求。其三，社会救援组织具有自己的技术优势和专长，应急救灾水平不断提高。最后，社会救援组织参与救灾减灾机制具有强烈的正外部效应，能更好地汇聚民智、集聚民力，增强民族的向心力和凝聚力（肖超，2013）。

三 关于社会救援组织参与机制面临的问题与困境

现有研究成果已经确定了影响搜索和救援行动中共享情境意识形成的因素（Seppänen, Hannes et al., 2013）。相关研究（Rizza, Caroline & Pereira, Ângela Guimarães, 2014; Zhao, Jing Dong et al., 2015;）已经证明，必须在公民、志愿者、媒体、社会组织、政府领导及其灾后重建部门等相关主体之间建立内在的沟通和合作机制。

国内文献对社会救援组织参与机制存在的问题概括为以下几点：一是缺乏完善的组织体系、管理制度、运行机制和明确的组织章程规范。绝大部分社会救援组织的凝聚力很大程度上取决于组织内部的领导者，即队长与核心队员（卢文刚、张宇，2013）；二是对于接受的捐赠资金、调配物资及具体救援活动，社会救援组织在信息公开、自律监督以及宣传方面存在不足；三是救援水平良莠不齐。虽然有部分组织重视救援队员的素质培训，定期组织集训演练并进行考核，不断升级装备，但也有一些组织经费匮乏、装备简单、人员波动、训练不足而导致救援能力不足的情况；四是普遍存在资金不足的问题。社会救援组织在进行救援活动时的费用大都采取 AA 制的形式，队员安全风险自负，组织日常运营所需的办公设施、人员培训、装备补充、人员保险等方面需要大量资金，使得中国社会救援组织普遍面临着资金短缺、难以为继的窘境（杨凯，2014）；五是合法身份地位的问题。尽管国家已经出台《关于加强基层应急队伍建设的意见》和《自然灾害救助条例》，但在具体操作时，各地却无法统一落实。正式登记注册的社会救援组织较少，绝大部分社会救援队伍仍然游离于政府应急管理体系之外，导致社会救援组织与政府应急管理部门之间的沟通协调尚待常态化和制度化。组织法律地位不明确也造成了社会救援组织的安全保障机制不健全。由于队员参加救援活动是自发行为，因此被扣工资、奖金是常态，对救援风险进行投保也非常困难。最后，社会救援组织之间跨联盟、跨地域的日常沟通协调同样尚待进一步常态化和制度化。经过历次应急救援行动的磨合，社会救援力量已逐渐从各自为战转变为协同作战，但各支队伍跨联盟、跨地域的日常沟通协调机制仍未建立起来，队伍间缺乏沟通合作平台。

四 关于目前中国防灾减灾救灾体系的现状与不足

当前，中国的防灾减灾救灾体制以国家组织和动员的模式为主，强调举中央和地方之力进行灾时与灾后救援，该体制虽拥有便于指挥和协调、短时间内可调集大量人力和物力、保证救援工作有效开展等优势，但不可避免地存在"政府失灵"的问题。综合张强（2011）、孙东东（2012）、肖超（2013）等几位学者的观点，其表现主要有以下几个方面：一是灾害的偶发性和政府财政预算确定性之间的冲突。中国应急财政资金集中，存在事前预备不足、事后资金预拨款短缺的问题；二是灾害发生空间的不平衡和财政体制的相对固化。自1994年分税制改革以来，财力重心上升、事权重心下移是整个财政体制的大趋势。就地方而言，特别是中西部灾害频发的地区，依靠目前相对固化的财政体制，很难有效开展救援工作；三是政府在救灾时无法满足灾民的个性化需求。政府对救灾过程中一系列微观问题的处理、个性化需求的满足方面先天条件不足；四是政府科层制管理体制影响灾害信息的流通速度。政府科层制过度强调分层，逐级上报与授权必然减慢灾情信息流通与命令上传下达的速度；五是政府在救灾过程中负载过重，抑制了社会组织参与的空间，缺少市场分散机制。因此，构建合理有效的社会参与机制可以减轻政府负担。

第三节 基本概念界定

一 NPO 及其社会责任

非营利组织（NPO）是指不以营利为目的的组织，它的目标通常是支持或处理个人关心或者公众关注的议题或事件。非营利组织所涉及的领域非常广，从艺术、慈善、救灾到教育、政治、宗教、学术、环保等。非营利组织的运作并不是为了产生利益，这一点通常被视为这类组织的主要特性。然而，某些专家认为将非营利组织和企业区分开来的最主要差异是：非营利组织受到法律或道德约束，不能将盈余分配给拥有者或股东。非营利组织往往通过公、私部门捐赠获取资金。慈善团体是非营利组织的一种，而非政府组织（NGO）也可能同时是非营利组织。社会救援组织理应属于典型的非营利组织。

当前，我国非营利组织的社会职能主要体现在以下四个方面。[①]（1）动员资源。非营利组织为了能够生存和发展，必须动员各种社会资源，包括慈善捐赠和志愿服务。随着这种社会功能日益发展和成熟，动员资源在少数非营利组织身上会逐渐专业化，出现一些以动员资源为核心功能的非营利组织。（2）公益服务。非营利组织提供的公益服务遍及社会的各个方面，包括公益慈善、救灾救济、扶贫济困、环境保护、公共卫生、文化教育、科学研究、科技推广、农村和城市的社会发展及社区建设等许多领域。它们与各级政府和相关各个领域的政府公共服务相辅相成，在很大程度上成为政府公共服务的有益补充。（3）社会协调。在社会转型期，各种形式的非营利组织越来越成为公民表达意愿、维护权益、协调关系、化解矛盾、实现价值最为广泛和直接的形式，这是中国非营利组织近年来在数量上急剧膨胀的重要原因之一。随着这种社会功能

---

① 非营利组织——MBA 智库百科（http：//wiki.mbalib.com/wiki/% E9% 9D% 9E% E8% 90% A5% E5% 88% A9% E7% BB% 84% E7% BB% 87）。

的发展，推动社会协调、参与社会治理成为一部分非营利组织的主要功能。（4）政策倡导。非营利组织不仅积极参与各级相关立法和公共政策的制定过程，以各种努力倡导和影响政策结果的公益性与普惠性，而且往往作为特定群体特别是弱势群体的代言人，表达其利益诉求和政策主张，通过积极的倡导活动影响政策过程。

著名学者利特从服从责任、协商责任、专业责任和预期责任四个维度对非营利组织社会责任的概念进行了界定，认为非营利组织社会责任主要包括财务责任、过程责任、效益责任和合理安排组织职责。学者哈奇则从低层次和高层次两个层面对非营利组织的社会责任进行界定，认为对各项规章制度的遵守是非营利组织低层次的社会责任，在此基础上才能更好地承担高层次的社会责任。我国学者万俊人主编的《现代公共管理理论导论》中对非营利组织社会责任是这样界定的：非营利组织社会责任是指非营利组织及其人员要为自己的行动向其利益相关者（如政府、资助者、公众、服务对象等）做出交代，承担责任，接受监督。非营利组织的社会责任包括法律责任、财务责任、绩效责任、职业责任和道德责任等。①

非营利组织将追求社会的公共利益作为组织的使命及组织发展的首要目标。通过志愿者和社会捐赠，运用自身专业化的服务，以受益人的需求为导向，为整个社会提供纯公共物品，为社会中的某些特定成员提供准公共物品，以实现社会的公平。因此，非营利组织的社会责任是实现社会公共利益的最大化。一方面，努力解决社会问题，促进社会安全，改善社会环境，增进社会福利；另一方面，向政府提供政策咨询、反映公众的利益与需求、参与并影响政府公共政策的制定、投身于包括社区建设和地方自治在内的公共管理过程。另外还包括致力于解决全球性的问题，参与国际决策和国际治理等。②

---

① 转引自卢春梅《我国非营利组织承担社会责任问题研究》，硕士学位论文，齐齐哈尔大学，2016年。

② 同上。

二 社会救援组织

社会救援组织主要是由企业、社会公益组织或志愿者创办，具有一定的技术能力，致力于防灾减灾救灾活动的非营利组织。目前，社会救援组织已经成为我国防灾救灾体系中一支不可或缺的重要力量，发挥着日益重要的作用。据不完全统计，目前国内有超过1000 支社会救援队伍，其救援范围涵盖山地救援、城市综合救援、水上救援、地质灾害救援等多个领域。社会救援组织在应急救援、社会捐助、提高社会的防灾救灾意识和开展帮扶上发挥了积极作用，得到了政府部门的肯定和社会公众的广泛认可。

2016 年 12 月 19 日发布的《中共中央、国务院关于推进防灾减灾救灾体制机制改革的意见》指出，在防灾减灾救灾工作中，更加注重组织动员社会力量广泛参与，建立完善灾害保险制度，加强政府与社会力量、市场机制的协同配合，形成工作合力。这里所述社会力量包括社会组织、志愿者等。

三 防灾救灾参与机制

在防灾减灾救灾体系中，各个参与主体是互相影响、互相配合的。防灾救灾的工作绩效需要构建政府职能部门、专业救援力量、社会救援组织、行业服务组织和社会公众等各个主体之间统筹协调、分工负责的参与机制和管理体制。

分析社会救援组织的防灾救灾参与机制，就是针对各个参与主体，分析其在防灾救灾体系中的职能、角色定位以及与其他主体的相互关系，规范其行为，以期形成合力，达到最大限度提高防灾救灾绩效的目的。社会救援组织作为近年来我国防灾减灾救灾体系中一个新的参与主体，如何与其他主体密切配合、协调发展，是当前亟待解决的重要课题。

四 网络化治理

治理的实质是什么呢？一种观点认为，治理是一个决策的制定和执行（或不执行）的过程，可以在各种背景下使用，比如政府治理、公司治理，地方治理或全球治理。这种理解强调决策过程中的正式和非正式的行动者，以及正式和非正式的达成决定和执行决定的结构。在有关公共管理的活动中，政府是行动者之一而非全部，其他一起参与的行动者同样在这一过程中发挥作用。宾汉姆等人认为治理是一种与旧的组织决策等级结构相对的新结构，其特点是平行的网络结构，或是作为新的结构形式的公私非营利组织结构。"当一些拥有合法和正式权力以及拥有强制权的人行使权力或进行活动时，管理就出现了。而治理指的是具有共同目标的、具有或没有正式权力和强制权的公民和组织展开和进行的活动"〔斯蒂芬·戈德史密斯（Stephen Goldsmith，2008），威廉·D. 埃格斯（William D. Eggers，2008）〕。

网络化治理指一种全新的通过公私部门合作，非营利组织、营利公司等广泛参与提供公共服务的治理模式。所有参与网络的行动者具有相互依赖的利益，努力寻求在集中的、非层级节制的层次上，通过集体行动解决问题。网络化治理代表的不仅仅是一种全新的分析工具，更是一种挑战传统政府制度的治理模式，代表着治理主体、治理工具、治理结构和治理机制的深刻变迁（何植民、齐明山，2009）。

五　社会救援组织的网络化治理

社会救援组织在我国防灾减灾救灾体系中发挥着越来越重要的作用，同时也需要从政策保障、资金支持、完善服务、规范职责等方面，不断完善社会救援组织的治理结构，协调好社会救援组织与政府、行业服务组织、社会公众等其他组织主体之间的关系。

网络化治理理论作为公共管理发展的新趋势，正好契合了社会救援组织治理的需要。把社会救援组织置于由政府、公众和其他社会组织共同构成的防灾救灾组织网络中，研究其参与机制问题，既是当前完善我国社会治理体系的现实需要，也可以不断拓展网络化治理理论应用领域，丰富其理论内涵。本书的主要目的在于运用网络化治理理论，理论研究与实证分析相结合，从完善社会救援组织制度框架、提升社会救援组织自我治理机制、构建社会多元联动防灾救灾网络、健全社会救援组织社会支持体系四个方面提出社会救援组织的网络化治理措施，从而实现强化社会救援组织社会责任的目标。

第四节　网络化治理的理论框架

毋庸置疑，防灾救灾体系中的社会救援组织治理机制问题，属于社会治理范畴。从更广义角度，属于公共管理研究的对象。目前，公共管理理论发展的一个新趋势就是网络化治理。因此，本书拟以网络化治理为理论基础，来探讨社会救援组织的治理机制。

技术的进步和日益广泛的经济社会变革导致人们逐渐趋向组织的网络化模式。网络化治理标志着世界上改变公共部门形态的四种有影响的发展趋势正在融合，即第三方政府、协同政府、数字化革命和消费者需求。第三方政府意味着为了实现政策目标不断加大利用私人公司和非营利组织为公众提供公共服务。协同政府即联合若干政府机构或者多级政府机构提供整体化服务。数字化革命使得组织能够利用以往不可能的方式与外部伙伴实时合作。消费者需求的自主化要求公共服务更加多元化，为公共服务的私人供应者创造了机会。

美国学者斯蒂芬·戈德史密斯和威廉·D. 埃格斯提出了网络化治理的理论框架。主要包括网络化治理的辨析框架，网络模式的优势，网络模式的挑战，网络设计，网络的集成，网络的运作和网络化治理的能力建设等。

一　网络化治理的辨析框架

网络化治理理论最早在欧美兴起，美国学者詹姆斯·N. 罗西瑙（James N. Rosenau）在《没有政府的治理》一书中最先对网络化治理下了一个较为明确的定义，即"这种治理为一系列活动领域里的管理机制，它是一种由共同目标支持的活动，活动的主体未必是政府，也无须完全依靠国家的强制力来实现"。

随后，斯蒂芬和威廉两位美国学者在《网络化治理：公共部门的新形态》一书中首先对网络化治理理论体系给出了较为完备系统的介绍，本书引用他们对网络化治理的定义。在他们看来，网络化治理是将第三方政府高水平的公私合作特性与协同政府充沛的网络管理能力相结合，然后利用技术将网络连接在一起，并在服务运行方案中给予公民更多的选择权，是跨界合作的最高境界，其要义为："除按照传统的自上而下层级结构建立纵向的权利线以外，政府治理还必须按照各种合作伙伴建立起横向的行动线。"简单来说就是利用技术手段，将政府、非营利组织、私人企业、民众等社会主体连接起来，以取代传统等级式官僚组织管理模式。

关于网络化治理与协同政府之间的联系他们提出了辨析框架，如图 1 - 1 所示，包括公私合作程度和网络化管理能力两个维度。按照这两个维度发展的高低程度组合，政府的网络化治理状态分别表现为层级制政府、第三方政府、协同政府和网络化政府四种形态。其中，层级制政府是指传统的科层制政府管理模式；第三方政府表现为不断加大利用私人公司和非营利而不是政府组织提供公共服务，实现政策目标；协同政府倾向于由若干政府机构或者多级政府一起提供公共服务；网络化治理代表了四种发展趋势的集合，它将第三方政府高水平的公私合作特性与协同政府充沛的网络管理能力结合起来，然后再利用技术将网络连接到一起，并在公共服务运行方案中给予公民更多的选择权。①

①　[美] 斯蒂芬·戈德史密斯（Stephen Goldsmith）、威廉·D. 埃格斯（William D. Eggers）：《网络化治理：公共部门的新形态》，孙迎春译，北京大学出版社 2008 年版，第 17 页。

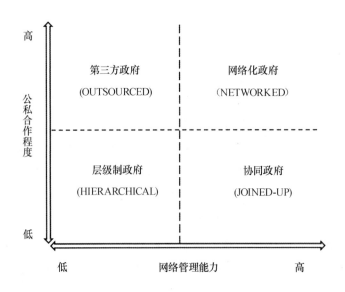

图 1 - 1 网络化治理辨析框架

资料来源：[美] 斯蒂芬·戈德史密斯（Stephen Goldsmith）、威廉·D. 埃格斯（William D. Eggers）：《网络化治理：公共部门的新形态》，孙迎春译，北京大学出版社 2008 年版，第 18 页。

二 网络化治理模式的优势

网络化治理模式的优势也表现为公共管理迈向网络化的强大推动力：专门化、创新性、迅捷性、灵活性和扩大的影响力。

第一，专门化。网络化治理模式超越了传统的层级组织结构，在这种模式下，不同层级的政府不必真正提供某种单项服务，所有的服务都可以由私人和非营利组织提供，以使政府得以解脱并专注于其核心使命，并使各项问题解决都能集合到较为优质的资源。例如，在卫生保健行业，大型的国家机构逐渐利用管理和市场营销专家与地方供应商结合成伙伴关系，形成整体的服务运行模式，力求在减少行政和管理成本的同时增加销量和收入。而从地方供应商的角度来看，在网络中它们可以作为顾客的联系点，提供当地市场的深度知识。①

第二，创新性。网络化治理模式能使政府开发出更为广泛的囊括不同供应商的选择方案，它其实是在鼓励一种对创新过程来说至关重要的试验法。不同于传统纵向层级对创新的压抑，网络化治理模式通过各组织间的竞争刺激创新，同时网络化的模式也促进了各社会主体间的学习和持续改进。网络运行机制能够产生出另一种创新机制。民主治理应该不断地产生出更高质量的公民服务，而创新的主要源泉就是来自对公民需求的反应。但是，等级制政府中的中高级管理人员根本就接触不到这些反馈。与之相对比，网络化回馈能够增加在政府事务中经历这些反应的个体数量。如果借助良好的沟通和知识管理工具，这种广泛接触客户的方式就会得出顾客关心的先进信息，这些信息反过来又会促进政府的创新性和回应性，也会更快地传播成功的经验。网络就是以这种方式，提供比单一组织更为及时地获得广泛的知识，来促进了学习和持续改进。②

第三，迅捷性和灵活性。传统官僚体制由于等级化的决策结构，对于突发事件的反应速度缓慢，运作十分僵硬，环境适应性差，而网络化治理则能绕开网络中无效的部分，对不适应外部环境的部分进行快速变更。在今天互为联系的世界里，多个项目要与多级政府和成千上万的个体产生互动，而严格且整齐划一的方式无法有效地解决复杂的政策问题，比如减少青年犯罪或重建受毒品污染过的社区等。为此，政府一定要搜寻各种解决方法，为客户提供最大限度的灵活性并向那些最接近问题或顾客的供应商提供实质性的判断。③

第四，扩大的影响力。建立网络可以使政府在解决社会问题时，借用社会组织特有的创新力，拓展影响范围，增加影响力。例如，由于政府削减了资本预算的规模，创新者可能会遇到难以逾越

① ［美］斯蒂芬·戈德史密斯（Stephen Goldsmith）、威廉·D. 埃格斯（William D. Eggers）：《网络化治理：公共部门的新形态》，孙迎春译，北京大学出版社 2008 年版，第 26 页。

② 同上书，第 28 页。

③ 同上书，第 30 页。

的投资障碍。这时，网络化模式就可以通过让非政府合作伙伴提供启动资金的方式在不产生巨额成本的前提下扩大投资规模。因为有时一个项目达到一定的规模才具备经济上的可行性。传统官僚模式下的公共投资项目因为规模问题而经常达不到最佳实践效果，通过加入网络，项目可以拓展地理界线，与其他地区共享顾客。这样不仅能够在更大范围内分摊其技术成本，还可以降低风险。因为网络伙伴可以提供问题的解决方法、承担风险，或通过吸引其他政府顾客的方式降低边际成本。①

三　网络模式的挑战

网络模式不可避免也面临各种挑战，需要管理者正确应对才能保证项目的成功。这些挑战主要来自目标的协调与调整、变形的监督管理、沟通灾难与分割式协调、数据不足和劣质标杆、管理者能力不足和关系的不稳定。②

1. 目标的协调与调整。在由许多组织构成的网络中实现公共服务目标的一致性是一件相当困难的事情。这主要体现在三个方面，一是政府负责建立起来提供某种服务的网络，而这种服务的成效有时是不明确的，难以定量评价，可能要花费数年时间才能实现；二是网络经常会将同时具有重叠、与不同目标的成员集合在一起，网络中的各个成员都可以根据有限的绩效目标提供不同的服务。例如：一个承包商可能会因为一个客户是否找到工作而接受有限定条件的酬劳，而另一个承包商则可能会因为同一个客户是否不再受到暴力伤害而接受酬劳。如此这般不同的成功标准将网络管理搞得混乱不堪。三是为了增强网络的活力而促使网络成员互相竞争

---

① ［美］斯蒂芬·戈德史密斯（Stephen Goldsmith）、威廉·D. 埃格斯（William D. Eggers）：《网络化治理：公共部门的新形态》，孙迎春译，北京大学出版社 2008 年版，第 31 页。

② 本部分内容的主要观点来源：［美］斯蒂芬·戈德史密斯（Stephen Goldsmith）、威廉·D. 埃格斯（William D. Eggers）：《网络化治理：公共部门的新形态》，孙迎春译，北京大学出版社 2008 年版，第三章"网路模式的挑战"。

时，也会发生目标不一致的现象。这可能是由于网络成员试图将自身利益最大化而必然产生的紧张关系所造成的，尽管政府鼓励网络伙伴将其个人利益升华为公共利益。在最糟糕的情况下，这样做会导致腐败，因为私人成员可能会为了自己的狭隘利益而滥用政府特权。尽管令人遗憾，但这种非法的行径还是可以通过合法的程序予以解决。

2. 变形的监督管理。如果政府错误地将公司伙伴关系和对外承包看成是解决服务管理头痛问题的途径，而忽略了对其进行充分的监督和管理，就会导致成本超支、服务失败，甚至是丑闻。反过来，如果政府官员滥用权力，过度监督和干涉网络成员的工作细节，也会制约和降低网络的工作绩效。然而，这两种极端的做法经常会产生混乱的钟摆效应：政府首先疏于充分的监督与管理，然后当问题出现的时候又反应过度，转而试图微观管理它的网络伙伴。于是，大量的文牍主义被强加给了合作伙伴，而这样做的最常见原因还是由于之前的丑闻和错误。"我们设置了太多的标准、太多的数据要求，而有些标准和要求更多涉及的是过程，并不是结果"。而良好的监督管理注重的应该是成果，并不是过程。

3. 沟通灾难与分割式协调。网络模式的信息沟通不同于一个组织内部的沟通，当合作成员使用了独立又不兼容的信息系统，就会导致沟通不顺畅，协作效果差。缺少持续的、通用的和非正式的沟通渠道就意味着在发现问题和处理危机方面所用的时间会更长。网络化治理需要在多级政府、非营利组织和营利组织之间进行协调。当问题的复杂性强而职责不清时，协调问题就会阻碍网络的正常运行。任何一个组织的绩效不良或任意两个组织之间的关系破裂，都会危害到网络的整体绩效。这一危机表明，政府在管理与每一家供应商的关系之外还必须管理网络内部各组织之间的关系。网络管理者不仅要与这些机构进行协调，还必须要保证每一个供应商都能分享到信息，可以将客户转交给其他网络供应商并协调网络的各种服务。几乎没有政府机构比非营利组织在这个问题上能够处理得尽善尽美。

4. 数据不足和劣质标杆。当一项公共服务项目付诸网络方式来完成时，往往因为政府缺乏准确的数据而可能导致网络服务的失败。而且即使政府能够提供的数据也可能因为所依据的基准有误而不符合客观情况。这种数据上的匮乏也不断产生出各种问题，因为政府官员将一项服务承包给外部伙伴之后，往往会产生出"向上飞跃式的期望"。这样做不仅产生了不现实的期望，还在伙伴之间制造了紧张关系。因此，政府一定要牢记初衷，要在原始的基准线上评判成功。

5. 管理者能力不足和关系的不稳定。管理的网络化需要公共管理者具有与过去不一样的能力，特别是管理社会组织和承包商的知识和经验。好的网络采购能力需要个人的技能参与，这些人拥有广博的经验并有能力预测出不同的配置将产生不一样的成效，不同的伙伴将带来不一样的结果。遗憾的是，这些技能在大部分政府部门都很匮乏。这就需要不断地参加培训，同时还要寻求外部组织的帮助。另外，网络化治理意味着各个网络组织之间复杂的委托和代理关系，承包合同到期将意味着不确定性和风险。管理者时刻抱有对网络关系稳定性的忧虑。

四 网络设计

网络治理的首要任务是进行网络设计，形成高效、有序的网络，将各种私人组织、非营利组织与政府机构组织起来，整合为一个严密的服务运行体制。网络模式的成功或失败往往要追溯到它的原始设计。在网络设计阶段，需要明确回答的五个主要问题是：政府希望实现的目标是什么？形成和激活网络时需要什么样的资源或工具？谁是能够帮助政府完成目标的最合适网络合作伙伴？如何选择正确的网络类型和网络组织？应该如何管理和治理网络？

网络的集成是要解决如何扎紧网络组织连接的纽带，以形成网络合力。为此必须建立沟通渠道，协调网络成员之间的活动，分享知识，调整价值观和激励机制，建立信任并克服文化差异。

网络设计的步骤主要有以下几项：

第一，资源筹备。集成网络需要资金、目标、集合能力、人力与技术、权威等资源。在这一步骤中，政府主要承担着标识权威、树立目标、提供资金的责任，而社会组织则主要提供人力与技术的任务。

第二，选择网络类型。在实际建立治理网络时，应根据需要解决问题的不同，确定不同的网络类型。《网络化治理：公共部门的新形态》一书中给出了以下6种网络类型，如图1-2所示。（1）服务合同。服务合同网络主要是政府利用契约条款作为组织的工具，承包人和次承包人根据条款协定行事，这种类型的网络在美国卫生、福利、交通运输等公共领域较为流行。（2）供应链。供应链网络主要是为政府提供产品，多见于美国的国防领域。（3）专门类型。在疾病、自然灾害等紧急危机发生时，政府常会组织形成由医院、社区卫生部门、执法机构等主题构成的专门网络。（4）渠道性伙伴关系。这种方式即公司、社会组织代表政府进行交易。（5）联结交换台。这种网络类型不但能将政府、非营利组织、公司连接在一起，还能使各组织扩大彼此的能力。（6）信息传播。这种类型网络的集成主要是为了传播信息。

第三，网络连接。在网络化治理中，建立畅通的沟通渠道，协调网络中各主体间的关系，以结成合力解决问题至关重要。斯蒂芬和威廉在《网络化治理：公共部门的新形态》中着重强调了数字化的重要性，数字化系统不但能促进信息的流动，还能提供面对面的互动，同时，求同存异，建立各组织间的信任合作在网络连接中也同样关键。

纵然网络化治理有众多益处，但治理网络的结成和运行依然存在着许多困难与阻碍，主要存在以下几项：

第一，在问题出现时，各网络成员互相推诿责任。

第二，规则及程序烦琐导致效率低下。

第三，互相扒皮，即同类组织彼此竞争"最简单"案件的倾向。

第四，风险转移不合理、不均衡，非营利组织承担过多风险的问题。

以上问题应在网络设计与运行的过程中集中关注，并合理解决。

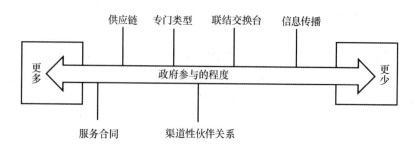

图 1 - 2　公私网络类型

资料来源：［美］斯蒂芬·戈德史密斯（Stephen Goldsmith）、威廉·D. 埃格斯（William D. Eggers）：《网络化治理：公共部门的新形态》，孙迎春译，北京大学出版社 2008 年版，第 64 页。

五　网络的运作与治理

网络运作的综合性框架要素包括：设定目标、调整价值观、建立信任、构建激励机制、测评绩效、共担风险、管理变化等。在这些领域内同样重要的是，相对于传统责任机制的典型模式来说，有效的网络责任结构模式会更加宽泛、也更加灵活。需要强调的是，在网络运行过程中，首先要根据提供的公共产品与服务明确网络需要完成的目标是什么；其次明确责任人和对象，以及网络服务的有效性。对于网络运行的具体程序不必过于关注。

相对于传统的管理模式，网络化治理的管理者需要具有截然不同的能力和才干。建设这样的能力，从首席执行官到一线管理者，都需要参加广泛的培训和锻炼。在计划制订、预算编制、人员安置和其他传统的政府职责之外，还要求精通许多其他的工作任务包括激活、安排、稳定、集成和管理一个网络等。为了完成这些任务，网络管理者要至少拥有一定程度的谈判、调解、风险分析、信任建立、合作和项目管理的能力。他们必须具有并愿意跨越部门界限和资源限制进行工作的能力，以战胜网络化治理所面临的各种棘手问题。①

网络化治理作为一种治理模式的结构而言，经常是在与科层和市场相比较的过程中得出其特征。从实践来看，这种新的治理范式与传统的科层治理和市场治理存在着明显的不同（参见表1－1）。因而，它是人类社会治理范式在网络信息时代跃迁的新走向，契合了网络社会治理的新要求。

表 1 － 1　　　　　　　　社会治理范式的类型

范式 参数	科层治理	市场治理	网络化治理
规范基础	雇佣关系	契约—财产	互补关系
组织形式	正式组织、权威结构	分散、独立正式与非正式组织	正式与非正式组织、复杂网络
弹性程度	高度	低度	中度
行动基调与氛围	正式、官僚体制	精确计算与（或）怀疑的	开放的、相互有利的
行动者的自由度	低度	高度	中度
行动者的偏好	依从的	独立的	相互依赖的
沟通工具	例行惯例	价格	关系
参与态度	疏离	计较	积极
参与者的自愿度	低度	中度	高度
相互间的承诺程度	中度	低度	高度
信息分析的程度	低度	中度	高度
凝聚力量的基础	奖惩制度	管理要求	满足信任
解决冲突的方法	行政命令—管理监督	争论议价—诉诸法庭	互惠的规范—信誉的考量

资料来源：何植民、齐明山：《网络化治理：公共管理现代发展的新趋势》，《甘肃理论学刊》2009 年第 3 期。

――――――――――

① ［美］斯蒂芬·戈德史密斯（Stephen Goldsmith）、威廉·D. 埃格斯（William D. Eggers）：《网络化治理：公共部门的新形态》，孙迎春译，北京大学出版社 2008 年版，第 135 页。

第五节　研究思路与方法

一　本书的研究思路

社会责任是 NPO 的本质特征和根本要求。本书主要基于网络化治理理论，采用文献研究、扎根理论分析、探索性案例分析、问卷调查和统计分析方法，分析我国 NPO 的发展现状，借鉴西方 NPO 治理理论，调查我国防灾救灾组织网络的构成与特征，分析社会责任对于社会救援组织可持续发展的重要意义，调查社会救援组织参与机制的优势，借鉴美国社会救援组织的治理经验，基于扎根理论构建社会救援组织网络化治理的概念模型，从完善社会救援组织制度框架、提升社会救援组织自我治理机制、构建社会多元联动防灾救灾网络、健全社会救援组织社会支持体系四个方面提出强化社会救援组织社会责任的网络化治理措施，阐述社会救援组织治理机制的标准化战略。最后，通过社会救援组织浙江省公羊队的典型案例分析对研究结论进行实证检验。

本书主要研究内容如下。

1. 绪论

首先，介绍研究背景、研究意义和国内外研究现状，界定本研究涉及的基本概念，如 NPO 及其社会责任、社会救援组织、防灾救灾参与机制、网络化治理等。然后，概述本研究的主要理论基础，即网络化治理理论诞生的社会背景、主要优势、面临挑战、理论框架等。最后，阐述本研究的基本思路和运用的主要方法，包括文献研究、扎根理论分析、探索性案例分析、问卷调查、数据分析等。

2. NPO 的发展及其治理理论概述

主要分析我国 NPO 的发展现状与存在问题，进一步揭示本研究的必要性和现实意义。简要介绍了西方主要非营利组织治理理论的产生背景、主要观点、应用价值和优缺点。针对我国非营利组织现状，阐述西方主要治理理论应用的局限性。本部分研究结论为研究我国非营利组织的社会责任及其网络化治理提供了必要的理论基础和现实依据。

3. 我国防灾减灾救灾的组织网络分析

简要分析我国防灾减灾救灾体系建设的现状，介绍政府应急管理职能部门、政府专业救援力量、社会救援组织、行业和中介服务组织、社会公众等各个组织主体的主要职能、特征和发挥的作用。明确各个组织主体之间的相互影响和作用，为进一步研究社会救援组织的网络化治理机制奠定基础。

4. 社会救援组织的社会责任与可持续发展

首先，从发展规模、组织结构、社会关系和社会影响等方面介绍我国社会救援组织发展概况。其次，解读社会救援组织承担社会责任的重要意义，主要从四个方面，即社会救援组织是防灾救灾体系的重要组成部分，有助于促进政府职能的转变，有利于推动社会治理体系和治理能力的现代化，有利于倡导和塑造全民公益的社会风尚。再次，分析社会救援组织自身的比较优势，包括机制的灵活性、服务的个性化、对社会风尚的积极引导等方面。最后，理清我国社会救援组织发展的宽松环境，主要体现在政策环境、法律环境和社会环境三个视角。

5. 社会救援组织治理存在的主要问题

本部分主要分析目前我国社会救援组织参与防灾减灾救灾过程中存在的主要机制问题，这些问题主要表现在组织运作资金短缺、专业化水平有待提高、政府支持力度有待加强和社会发展环境有待改善等几个方面。明确存在的问题，旨在为完善社会救援组织的网络化治理机制提供现实依据。

6. 社会救援组织治理机制的理论分析

本部分运用社会网络和扎根理论分析方法构建了社会救援组织参与机制网络化治理概念模型。以蓝天救援队和浙江省公羊队为典型案例调查搜集原始资料和数据，根据扎根理论分析的研究流程围绕社会救援组织的网络化治理机制对搜集的资料依次进行开放式编码、主轴译码和选择性译码。通过对原始资料进行贴标签，提炼出相关概念，再根据概念归纳其范畴。根据各个范畴之间的潜在逻辑关系进行类别归属，归纳出社会救援组织网络化治理机制的四个主范畴，即"制度保障机制""组织治理机制""沟通协调机制""社会支持机制"。最后，根据蓝天救援队和浙江省公羊队十年来参与机制特征、优势及其演变趋势，构建了社会救援组织网络化治理机制的概念模型。并通过蓝天救援队和浙江省公羊队两个案例的比较分析，从四个方面提出完善社会救援组织参与机制的对策建议。本部分研究结论为提出社会救援组织网络化治理措施提供了理论根据。

7. 美国社会救援组织治理的经验与借鉴

以美国的红十字会、灾害医疗救援队（US-DMAT）、全国救灾志愿者联盟（NVOAD）为例，从组织运作资金、组织专业化水平、政府政策支持以及社会环境四个方面，总结美国非营利社会救援组织参与机制的治理经验，结合我国实际提出可供借鉴之处。

8. 强化社会救援组织社会责任的网络化治理措施

基于扎根理论分析的结论和美国社会救援组织治理的经验借鉴，本部分提出了强化社会救援组织社会责任的网络化治理措施。主要从五个方面着手：完善制度框架，升级网络类型；构建信息平台，打造多元联动网络；强化组织治理机制，提升救援水平；增强企业社会责任，拓展网络资源；优化激励机制，形成良好发展氛围。这是本书提出的主要政策建议。

9. 完善社会救援组织治理机制的标准化战略

通过调查典型社会救援组织蓝天救援队的发展历程，分析从《阜阳公约》到《德清宣言》出台的社会原因和积极影响，说明标准化是完善社会救援组织治理的必由之路。目前，社会救援组织在治理模式标准化、资金管理规范化和组织发展法制化方面已经有了良好开端。但是，组织治理机制仍然有待完善，需要强化国家和行业标准的制定和实施，同时充分发挥政府的引导和监督作用。

10. 浙江省公羊队参与机制实证分析

对浙江省公羊队防灾救灾的典型案例进行实证分析。在介绍浙江省公羊队发展成就和机制优势的基础上，具体剖析"浙江建德山体滑坡救援"和"24 小时公益急寻项目"两个典型案例。通过总结浙江省公羊队参与机制的经验与启示，对本书的理论研究结论进行实证检验。

二　本书的主要研究方法

1. 文献研究方法

追踪国内外关于社会组织、非政府组织、志愿者防灾救灾参与机制的研究成果。通过对相关专著、期刊、学位论文、科学报告、档案等文献资料的搜集、鉴别、整理、编码、元分析等，全面考察与社会救援组织参与机制相关的概念、观点和研究结论，为本研究提供理论基础和方法指导。

2. 社会网络分析法

本研究运用基于 ROST 软件的社会网络分析法，揭示社会救援组织与相关社会主体之间的社会联系。以"社会应急救援"为关键词，以一定时间间隔为文本收集的时间段，在"新浪新闻""凤凰网""百度新闻"等新闻网站进行文本收集与筛选，然后将"社会应急救援 . txt"导入 ROST 软件，通过软件的分词功能和关键词语频率分析两个模块，过滤与国内社会应急救援活动无关的词语，最终选取频率最高的关键词作为高频特征词，最后通过社会网络分析模块构建矩阵，分析社会救援组织与相关社会主体的关系。

3. 扎根理论分析法

本研究采取扎根分析方法进行社会救援组织治理机制概念模型的构建。扎根理论于 1967 年由社会学家巴尼·格拉泽（Glaser）和安塞尔姆·斯特劳斯（Strauss）提出，作为连接理论研究和经验研究的一座桥梁，其主要原理就是运用实证资料构建理论框架，通过归纳和逻辑分析，在对原始数据的对比分析中总结出理论概念。扎根理论作为一种质性研究方法，弥补了实证研究在手段、方法等方面存在的缺点和不足，很适合从典型案例分析中概括出一般研究结论。研究流程主要由准备工作、数据收集、分析过程、撰写备忘录、排序及理论概述、撰写成稿六部分组成（于兆吉、张嘉桐，2017）。

4. 探索性案例分析

在全面考察我国社会救援组织参与防灾救灾实践的基础上，聚焦典型社会救援组织浙江省公羊队，进行案例研究。主要通过调查浙江省公羊队、浙江省民政厅、江干区民政局、滴水公益及志愿者和杭州市民，对公羊队及其相关典型企业和行业组织进行探索性的、半结构化的深入访谈，取得翔实可信的原始数据资料。

5. 问卷调查方法

本研究运用问卷调查方法揭示社会救援组织的公众认可度和社会影响力。问卷调查的对象主要是政府部门工作人员、社会救援组织相关人员以及杭州市区的一般民众，问卷分发地点为江干区和西湖区人员流动较大且年龄、职业背景等差异较大、人群较为集中的大型商场、景区、广场，发出问卷 500 份，同时发放 350 份网上问卷，共计发放问卷 850 份，有效问卷 823 份，问卷有效率为96.8%。

6. 统计分析方法

本研究运用 SPSS 统计软件对问卷调查的结果进行统计分析，分析社会救援组织参与机制的影响因素。基于 ROST 内容挖掘软件和"清博—舆情"大数据分析软件对社会救援组织的组织网络和社会知名度进行统计分析，为研究结论提供辅助实证支撑。

第二章 NPO 的发展及其治理理论概述

第一节 我国 NPO 的发展现状与问题

一 我国非营利组织发展概况

我国非营利组织的发展主要经历了三个阶段：第一阶段：从 20 世纪初至 1949 年中华人民共和国成立。第二阶段：从中华人民共和国成立至"文化大革命"结束。第三阶段：从 1978 年改革开放至今。

按照国家民政部的分类标准，非营利组织主要包括社会团体、各类基金会和民办非企业单位三大类。根据《2017 年社会服务发展统计公报》提供的数据，截至 2017 年底，我国非营利组织发展基本情况如下（见图 2-1）。[①]

全国共有社会团体 35.5 万个，比上年增长 5.6%，其中：工商服务业类 3.9 万个；科技研究类 1.5 万个；教育类 1.0 万个；卫生类 0.9 万个；社会服务类 4.8 万个；文化类 3.9 万个；体育类 3.0 万个；生态环境类 0.6 万个；法律类 0.3 万个；宗教类 0.5 万个；农业及农村发展类 6.2 万个；职业及从业组织类 2.0 万个；其他 6.8 万个。

全国共有各类基金会 6307 个，比上年增长 13.5%，其中：公募基金会 1678 个；非公募基金会 4629 个；民政部登记的基金会 213 个。

---

① 中华人民共和国民政部：《2017 年社会服务发展统计公报》，第 13—14 页。国家民政部信息门户（http://www.mca.gov.cn/article/sj/tjgb/）。

　　全国共有民办非企业单位 40.0 万个，比上年增长 11.0%，其中：科技服务类 1.6 万个；生态环境类 501 个；教育类 21.7 万个；卫生类 2.7 万个；社会服务类 6.2 万个；文化类 2.1 万个；体育类 1.8 万个；法律类 1197 个；工商业服务类 3652 个；宗教类 115 个；国际及其他涉外组织类 15 个；其他 3.0 万个。

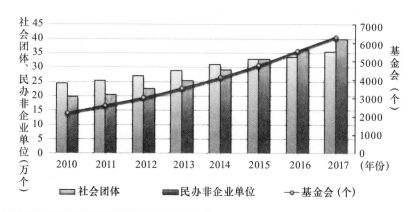

指标	2010 年	2011 年	2012 年	2013 年	2014 年	2015 年	2016 年	2017 年
社会团体（万个）	24.5	25.5	27.1	28.9	31.0	32.9	33.6	35.5
基金会（个）	2200	2614	3029	3549	4117	4784	5559	6307
民办非企业单位（万个）	19.8	20.4	22.5	25.5	29.2	32.9	36.1	40.0

图 2 - 1　2010—2017 年我国社会组织发展情况

资料来源：中华人民共和国民政部：《2017 年社会服务发展统计公报》，第 14 页。国家民政部信息门户（http://www.mca.gov.cn/article/sj/tjgb/）。

　　目前，我国非营利组织活跃于社会生活的各个领域，主要包括社会团体、经济团体和政治团体，慈善组织和社区服务组织。社会团体、经济团体和政治团体包括各种学会、商会、工会、联合会等，占我国非营利组织中的大部分。这些团体都是以特定的一类人或者生活工作共享同一方面利益或爱好的群体所构成的，为特定的组织成员提供服务和帮助，同时还能保证特定领域健康发展和行业机制的正常运行，在政府的管理部门下形成了自治的行为风格，并协助政府加强管理的职能，促进了政府职能的转变。慈善组织属于社会公益领域，是实现非营利组织作用的重要形式之一，包括各种慈善总会和公益性基金会，都是以从事公益事业为目的，通过钱款或物品的募集和捐赠，促进文化教育事业和社会福利救助等公益性事业的发展。①

二　我国非营利组织存在的问题②

1. 非营利组织缺乏社会责任意识

作为使命感、责任感最强的组织，理念和使命是 NPO 存在和发展的灵魂。NPO 应当以服务社会大众为基本理念，明确自身定位，发挥主观的能动性和创新性来完成肩负的社会使命。目前中国的非营利组织存在大量自身能力建设问题，缺乏明确的理念和强烈的社会责任感，自然也缺乏主动提升自身能力的动力机制。竞争力弱、灵活性差、公信力和吸引力低下是我国多数 NPO 共同的特点。

2. 非营利组织的独立性弱

根据非营利组织产生方式的不同，可将其分为自上而下的官办非营利组织和自下而上的民间非营利组织。对于官办的非营利组织，学术界多认为是缓慢的政治体制改革的背景下，政府力求控制经济和社会领域，通过转移部分政府职能给官办非营利组织而使得政府管制权在社会中得到"合法"延伸的产物。这类非营利组织是在政府的需求下产生的，对政府的依赖性很强，具有典型的特点：一是缺乏人事任免权。组织内部的主要管理人员多由政府主管部门派遣和任命，或是由组织的负责人提名并由业务主管部门批准任命。表面上 NPO 与政府之间是合作关系，实质上演化成了一种上下级之间的行政依附关系；二是经济依附性很强。非营利组织自有资金筹集的三大主要途径是政府拨款和补助、社会捐赠以及事业收入和经营收入。我国的事业单位是计划经济体制时期的产物，它由

① 胡玲丽、尹莉：《我国非营利组织现状、问题及对策》，《知识经济》2015 年第 1 期。
② 马源泉：《非营利组织发展问题探索》，《现代经济信息》2018 年第 6 期。

国家兴办并接受国家的管理，传统的事业单位接受着来自于政府的唯一投资，几乎完全由政府供养，受到政府的经济牵制，其独立性很弱；三是缺乏民主决策程序；

3. 非营利组织法律体系建设滞后

目前，有关非营利组织的法律主要是由国务院出台的《社会团体登记管理条例》《基金会管理办法》《民办非企业单位等级管理暂行条例》等。回顾历史不难得知，登记管理条例和暂行条例都是 1998 年颁布的，而实务中起主要作用的是由民政部发布的有关非营利组织管理的行政规章和其他相关的规范性文件，这侧面反映出我国非营利组织法规体系不完善的框架和缓慢的建设速度；另外，现行的登记管理体制门槛高、限制多、监管弱，双重管理的核心原则更是制约了非营利组织的发展。以民间非营利组织为例，在双重管理制度下，先要获得政府业务主管单位的同意，之后才能在民政部门登记注册获得合法的身份。但登记管理条例以及其他相关法律中并没有指明或者规定主管单位的审批义务，因而多数业务主管单位秉持着多一事不如少一事的态度，对民间组织的成立申请多采取怠慢推脱的处理方式，这就迫使难以获得批准的组织转而求助于工商登记或直接放弃登记；值得一提的是，现行的法律条文中多是对非营利组织的行政管理内容进行规定，而与非营利组织日常管理密切相关的内部控制制度、财产关系、财务管理规范等方面则很少涉及。

总之，我国的非营利组织从建立起步时就面临着诸多的困难，而后的发展中自身的权益也缺少正规明确的法律保护，现行的法制建设已经无法满足 NPO 发展的需要。在非营利组织的法律建设道路上，有三个方面需要注意：一是立法角度，需要尽快制定出针对非营利组织的专门法律。二是组织多样性角度，面向不同类型的非营利组织应当分别制定相应的法律条文。三是执法角度，应该将宏观原则微观化，制定应用指南等具体的实施细则，提高法律的可操作性。我国政府应当借鉴西方国家的经验，在已有的法律体系上，进一步规定非营利组织的权利义务和法律责任，建立健全与非营利组织有关的法律法规，为我国非营利组织的发展创造一个良好的法制环境。

第二节 NPO 治理理论概述

在很大程度上，西方非营利组织研究的兴起始于 20 世纪 70 年代福利国家危机（如经济滞胀的出现）的到来。研究者开始较为集中地探讨国家力量退出以后，西方福利制度的重构问题，非营利部门往往作为福利国家中政府行动的替代性工具受到了极大重视。首先在北美和欧洲，学术界对于非营利组织的研究急剧增加；苏联解体之后，对非营利组织也给予了高度关注。

非营利组织正在成为一个新兴的跨学科研究领域，研究重点集中于非营利组织的组织定位、社会价值和研究意义等方面，经过长期发展融合，形成了以下几种较为公认的理论。[①]

一 政府失灵理论（government failure theory）

政府失灵是指政府的活动或干预措施缺乏效率，或者说政府作出了降低经济效率的决策或不能实施改善经济效率的决策。政府监管是一种特殊公共产品，主要表现在：（1）一般的公共物品都是有形的，处于某种实物状态，而政府监管是无形的，还具有一定的灵活性，甚至具有相当的主观任意性。（2）一般公共产品的提供主体可能具有多元性，政府监管的供应权具有垄断性，只能由政府独家供应。（3）一般公共产品能为消费者提供基本相同的利益，政府监管要受到价值观、意识形态、政治制度等因素的影响，具有一定的"地域专用性"。

（一）政府失灵的主要表现

政府管理也有很大的局限性，并存在着"政府失灵"的现象，其主要表现有以下几个方面。

---

① 程昔武：《非营利组织治理机制研究》，中国人民大学出版社 2008 年版。

1. 公共政策失效。政府对经济生活干预的基本手段是制定和实施公共政策，以政策、法规及行政手段来弥补缺陷，纠正市场失灵。与市场决策相比，公共政策是一个更复杂的过程，存在着种种困难、障碍和制约因素，使得政策难以制定并执行好的或合理的公共政策，导致公共政策失效。这非但不能起到补充市场机制的作用，反而加剧了市场失灵，带来更大的资源浪费，甚至引发社会灾难，这是非市场缺陷及政府失灵的一个基本表现。公共政策失效的主要原因有四：其一，社会实际并不存在作为政府公共政策追求目标的所谓公共利益。其二，即使现实中存在着一些大家利益比较一致的情况，但现有的各种公共抉择体制及方式引起各自的缺陷也难以达到最优化或理想的政策。其三，信息的不完全、公共决策议程的偏差、投票人的"近视效应"、沉淀成本、先例等对合理决策的制约。其四，政策执行上的障碍。

2. 公共物品供给的低效率。非市场缺陷或政策失败的这一表现也可说成是官僚机构的低效和浪费。如前所述，公共组织尤其是政府机构为了弥补市场缺陷、纠正市场失灵，将履行公共物品提供者的职能，即直接提供市场可能供给不足的公共物品，并履行市场秩序维护者、外在效应消除者等角色。然而，由于公共机构尤其是政府机构的本性以及公共物品供求关系的特点，使得它们提供公共物品也难以做到高效，尤其是可能产生提供过剩公共物品和成本增加现象。主要原因：一是公共物品的估价或评价较为困难。二是公共机构尤其是政府部门垄断了公共物品的供给，缺乏竞争机制。三是政府机构及官员缺乏追求利润的动机。四是监督机制的缺陷。

3. 内部性和政府扩张。公共机构尤其是政府及其官员追求自身的组织目标或自身利益而非公共利益或社会福利，这种现象被人们称为内在效应或内部性。有如外部性被看成是市场缺陷及市场失灵的一个重要原因一样，内部性或内在效应被认为是非市场缺陷以及政府失灵的一个基本原因。"市场缺陷理论的核心是外在性，而非市场缺陷理论的核心是内在性"。

（二）非营利部门产生的经济学分析

美国经济学家伯顿·韦斯布罗德（Burton A. Weisbrod，1974）提出：当代经济学长期以来建立的私人部门理论，较好地论证了私人市场的存在及其均衡行为模式，后来又发展了公共部门理论，对政府行为进行了系统的研究，但现有的经济学无法解释为什么要由非营利部门来提供公共的、集体消费的物品。

韦斯布罗德试图发展一个模型来解释：在政府和市场之间为什么会存在非营利部门？哪些因素决定了物品由政府、私人市场还是非营利部门来提供？政府部门、私人市场和非营利部门之间的关系是怎样的？

任何投票者都有对于物品的需求（包括公共物品和私人物品），政府、市场和非营利部门都是满足个人需求的手段。这三者在满足个人的需求方面存在相互替代性。正是政府和市场在提供公共物品方面的局限性，导致了对非营利部门的功能需求，这是非营利部门存在的主要原因。

在任何政治单位中，个人在收入、财富、宗教、种族背景、教育水平等方面都有着一定程度的不同，这直接导致了个人对于税收制度等各种公共物品需求的差异性。政府提供的任何商品的数量和质量都是由政治决策过程决定的，对于公共物品的提供也不例外。在不存在投票交易的简单多数模型中，投票结果往往反映了中间投票者（median voter）的需求，而留下了大量的不满意的选民群体。大量的对政府提供的公共物品不满意的消费者可以有几种不同形式的替代性选择：①移民；②形成较低层次的政府；③求助于私人市场；④求助于非营利组织。

在韦斯布罗德看来，非营利部门是专门提供集体类型物品的部门。非营利部门提供的公共物品的数量取决于公共部门能够满足选民的多样需求的程度：（1）在其他条件相同的情况下，对政府使用的税收价格体系不满意的公共物品需求的数量越大，非营利部门的规模就越大；（2）对于特定的政府提供的输出，消费者需求的差异越大，可以预计的志愿部门的输出就越大。如果其他条件相同，消费者需求的同质性越高，不满意的需求就越少，相对于政府部门的规模来说志愿部门的规模就越小。

韦斯布罗德是在经济学的框架内，把原有的经济学方法拓展到对非营利部门的分析中。他遵循的仍然是需求—供给的分析方法。在他的分析中，政府、市场和非营利部门是满足个人对于公共物品需求存在的相互替代性的工具。政府和非营利部门在提供公共物品上是互补关系。

韦斯布罗德的理论开创了经济学解释非营利部门的先河。但由于他的理论采用的是剩余分析的策略，还存在诸多值得商榷的地方。这包括：在满足个人的公共物品需求方面，政府和非营利部门到底谁是最初的提供者，谁先存在？非营利部门提供的都是公共物品吗？政府和市场在提供公共物品时有着那么多的缺陷，非营利部门难道就没有局限性吗？非营利部门的特性是怎样的？这当中最为重要的问题是，韦斯布罗德通过论证政府和市场在提供公共物品方面的局限性，来从功能上证明非营利部门存在的必要性，而没有对非营利部门为什么能够提供公共物品、它的组织特性是什么等重要问题做出分析。

二 合约失灵理论（contract failure theory）

合约失灵理论是美国法律经济学家亨利·汉斯曼（Henry B. Hansmann，1980）基于现有的经济学和法学对于非营利组织缺乏相应的理论研究而提出的理论。如果说韦斯布罗德更多的是在关注政府与非营利部门之间的互补关系的话，汉斯曼则更多的是在力图解释：非营利组织和营利组织的区别是什么，是什么因素使得某些特定的活动只能由非营利组织而不是营利组织来承担？

现有的经济学理论认为，当某些特定的条件满足以后，营利性厂商会以体现社会效率最大化的数量和价格来提供商品和服务。这些条件中最重要的是，消费者能够不需付出不适当的成本做到：（1）在购买之前，能够对不同厂商的产品和价格作出精确的比较；（2）能够与选定的厂商在商品与服务的价格上达成一致；（3）判断厂商是否遵守了达成的协议，如果没有，可以获得赔偿。在许多情况下，这些条件能够得到适当的满足，但有时候，要么由于购买产品的具体情况，要么由于产品本身的性质，消费者与生产者在关于产品和服务的质量上存在明显的信息不对称，消费者无法准确判断厂商承诺提供的商品或服务，这就使得他们往往在最初不能达成最优的契约，即使契约达成，也很难实施契约。在这种情况下，由营利性的厂商构成的市场竞争只能是无效率的。生产者完全有能力通过提供劣质商品来获取额外的收益。结果消费者的福利蒙受了大量的损失。由于信息不对称，仅仅依靠生产者和消费者之间的合约（contract）难以防止生产者坑害消费者的机会主义行为，这就出现了汉斯曼所说的"合约失灵"（contract failure）现象。

从信息经济学的角度看，要使合约不失灵，所交易的产品或服务必须是可观察的、可度量的、可证实的、可立约的。这是标准的市场交易场合需要满足的四个条件，但是公共服务的提供往往很难满足这些条件，往往存在着严重的信息不对称问题，其数量质量的"可度量性"较低。导致"可度量性"低的因素主要有以下四个方面：（1）一些服务的提供过程要求提供者不断进行自由裁量（discretion），具有高交互性（transaction-intensive）的特点。（2）一些服务具有多元委托人和多元任务的特征。同样的服务可能令一些客户感到满意而令另一些客户感到失望。（3）一些服务的结果与服务提供者的行为之间的因果关系模糊，要分离出服务提供者提供服务所带来的"价值"并进而监督和评估其工作绩效是很困难的。（4）一些服务的消费者通常缺乏必要的知识和信息来监督和评估服务的数量和质量，医疗服务是这方面的典型例子。

由于可度量性低，很多公共服务的数量和质量"不可立约"，如果由市场机制来提供这些服务，"合约失灵"的现象将很普遍。如果这类商品或服务由非营利组织来提供，生产者的欺诈行为就会少得多。这是因为非营利组织受到了"非分配约束"（nondistribution constraint）。所谓"非分配约束"，是指非营利组织不能把获得的净收入（net earnings）分配给对该组织实施控制的个人，包括组织成员、管理人员、理事等。净收入必须得以保留，完全用于为组织的进一步发展提供资金。"非分配约束"是非营利组织区别于营利性组织的最重要的特征。这个特征使得非营利组织在提供存在信息不对称的商品和服务时，尽管有能力去提高价格或降低产品质量，而且不用担心消费者的报复，但它们仍然不会去损害消费者的利益，因为它们所获得的利润不能参与分配。这在很大程度上抑制了生产者实施机会主义行为的动机，从而维护了消费者的利益。非营利组织的"非分配约束"特性，实际上是在市场上可能出现"合约失灵"情况时，对生产者的机会主义行为的另一种有力的制度约束。非营利组织是消费者无法通过通常的合约方式来监督生产者（即"合约失灵"）时的一种制度反映。

与"政府失灵"理论相比，"合约失灵"理论注意到了非营利组织本身的特性，并深入分析了这种非营利特性导致的非营利组织在提供某些物品中的优势地位，从而论证了为什么某些特定的活动只能由非营利组织而不是营利组织来承担。另外，"合约失灵"理论仍站在制度需求的角度来分析非营利组织这一组织形态存在的必要性，带有浓厚的功能分析的色彩，同样没有对非营利组织的特点、规模和制度供给状况作出更为全面、细致的分析。

三 第三方治理理论（the third-party government）

第三方治理理论是美国公共政策学者、非营利组织研究专家赛拉蒙提出的理论（Salamon，1981）。赛拉蒙认为，非营利部门研究中的市场失灵、政府失灵和合约失灵理论在对美国的社会现实进行解释时都存在着某种程度的局限性。因此，重新构建更具有解释力的理论是非常必要的。在赛拉蒙看来，福利国家理论对于美国来说是不适用的，因为这种理论没有区分作为"资金和指导的提供者"（a provider of fund and direction）的政府和"服务递送者"（a deliver of services）的政府这两种角色。与传统理论中描述的庞大的官僚体系不同，美国联邦政府主要是作为资金和指导提供者的角色出现的。在提供具体的社会服务的时候，联邦政府更多依靠大量的第三方机构——州、市、县、大学、医院、行业协会以及大量的非营利组织。联邦政府通过这些第三方机构来实施政府功能，于是出现了精巧的"第三方治理"（third-party government）模式（Salamon，1981）。

在这种治理体系中，政府与第三方分享在公共基金支出和公共权威运用上的处理权（discretion）。联邦政府在福利项目提供中更多的是充任管理的功能，而把相当程度的处理权留给了非政府部门。这种政府行动的方式反映了美国政治思想中，对于公共服务的社会需求与对政府机构的敌意之间的矛盾。而第三方管理模式的出现实际上是对这种矛盾的调和：一方面，政府在公共福利提供中的作用得到了增强，这主要表现在为公共福利服务提供更多的资金；另一方面，又避免了一个不符合美国治理传统的、庞大的政府官僚机构的出现。

在赛拉蒙看来，在政府失灵和合约失灵理论中，志愿部门往往被视为在政府和市场失灵之后的辅助性衍生物，是由于政府的局限产生的提供公共物品的替代性制度。赛拉蒙认为，这些观点忽略了非营利部门本身的缺陷。志愿部门作为人类服务的提供者也是有着固有的缺陷的，会产生"志愿失灵"（voluntary failure），而政府可以视为是"志愿失灵"之后的衍生性制度。他引入了"交易成本"（transaction cost）的概念来比较分别由政府和非营利组织来提供公共物品的成本。他认为，利用政府提供公共服务的交易成本会比利用非营利组织高得多。因此，在市场失灵的时候，非营利部门应该作为最初的公共服务提供者的制度，只有在非营利部门提供的服务不足的情况下，政府才能进一步发挥作用。因此，政府的介入不是对非营利部门的替代，而是补充。

赛拉蒙提出了志愿失灵理论来说明非营利部门的缺陷，进而论证了政府支持非营利部门的必要性。在他看来，非营利部门的固有局限性在于：首先是对于慈善的供给不足（philanthropic insufficiency）。这一方面是由于公共物品供给中普遍存在的"搭便车"问题（free rider problem）。更多的人倾向于不花成本地享受别人提供给自己的福利，而缺少激励去利他性地为别人提供福利。因此，能够提供的服务肯定少于社会最优的。另一方面，慈善的资金来源也容易受到经济波动的影响。一旦发生经济危机，有爱心的人自己也难以维持生计，更谈不上帮助别人。只有建立在强制基础上的税收才能提供稳定的、足够的资源。第二是慈善的特殊主义（philanthropic particularism）。志愿组织的服务对象往往是社会中的特殊人群，比如残疾人、未婚母亲、儿童、外来移民等。不同组织获取资源的能力是不一样的，现有的志愿组织可能无法覆盖所有处于需要状态的亚群体。同时，由于大多数群体拥有自己的代理人呼吁为自己捐款，机构数量的扩张可能超出经济的承受能力，从而降低了整体制度的效率。第三是慈善组织的家长式作风（philanthropic paternalism）。由于私人慈善是志愿部门获得资源的唯一途径，那些控制着慈善资源的人往往根据自己的偏好，来决定提供什么样的服务，而忽略了社区需求，由此往往导致提供较多富人喜爱的服务，而穷人真正需要的服务却供给不足。第四是慈善的业余主义（philanthropic amateurism）。根据社会学和心理学的有关理论，对于穷人、残障人士、未婚母亲等特殊人群的照顾，需要受过训练的专业人员，但是志愿组织往往由于资金的限制，无法提供足够的报酬来吸引专业人员的加入。这些工作只好由有爱心的业余人员来做，从而影响服务的质量。

非营利组织的这些弱点正好是政府组织的优势：（1）政府能够通过立法获得足够的资源开展福利事业；（2）能够用民主的政治程序来决定资金的使用和提供服务的种类；（3）能够通过赋予民众权利来防止服务提供中的特权和家长式作风等。但是政府往往由于过度科层化而缺乏对社会需求的即时回应；在美国这样一个有着浓厚的自由主义传统的社会，人们对政府力量总是抱着怀疑的态度。相比之下，志愿组织比较有弹性，能够根据个人需求的不同提供相应的服务；能够在较小范围内开展服务；能够在服务的提供者之间展开竞争等。正是由于政府和非营利组织在各自组织特征上的互补性（compensatory complementarity），政府出于对服务提供的成本考虑，与非营利组织建立起了合作关系，从而既可以保持较小的政府规模，又能够较好地完成福利提供的责任。

四　政府—非营利组织关系的类型学

这是吉德伦、克莱默和赛拉蒙等人提出的理论（Gidron、Kramer、Salamon，1992）。他们是在对政府与非营利部门之间的关系进行跨国比较之后提出这个理论的。

在吉德伦等人看来，政府与非营利部门的关系远比政治上的论争要复杂，因此他们希望提出一种基本模式，来更好地描述福利国家中政府与非营利部门之间的关系。他们认为，所有的福利服务中有两个关键要素：（1）服务的资金筹集和授权（financing and authorizing of services）；（2）服务的实际配送（actual delivery）。这两类活动可以由不同的制度来实施。他们以这两种要素为核心变量，提出了政府与非营利部门关系的四种基本模式：

（一）政府支配模式（Government-Dominant Model）。在这个模式中，政府在资金筹措和服务配送中占据着支配性地位。政府既是主要的财政提供者，又是福利服务的主要提供者。政府通过税收制度来筹集资金，由政府雇员来传送需要的服务。

（二）第三部门支配模式（Third-Sector-Dominant Model）。在这个模式中，志愿组织在资金筹措和服务配送中起着支配性的作用。产生这种模式的原因很复杂，或者是出于意识形态或宗教的原因，对政府提供社会服务有一种强烈的反对情绪；或者是因为这些地区对社会服务还没有普遍需求。第三部门支配模式和政府支配模式分别处于政府与非营利关系模式的两极。

（三）双重模式（Dual Model）。这是处于政府支配模式和第三部门支配模式之间的一种模式。在这种混合模式中，政府和第三部门都大量卷入到资金筹措和服务配送当中，但都局限在各自界定的领域。这可以采用两种不同的形式：其一，非营利组织通过给国家力量没有达到的顾客传送同样类型的服务，来补充国家提供的服务；其二，第三部门通过提供政府没有提供的服务，来补足政府的服务职能。在这两种情况下，最显著的特征都是存在两个相当大的、但相对自治的关于服务的资金筹措和配送体系。

（四）合作模式（Collaborative Model）。在这种模式中，也是由政府和第三部门共同开展公共服务，但它们不是分离地工作。非常典型的情况是由政府提供资金，由第三部门组织配送服务。合作模式包括两种方式：（1）"合作的卖者"模式（collaborative-vendor model）。在这个模式中，非营利组织仅仅是作为政府项目管理的代理人出现，拥有较少的处理权或讨价还价的权利。（2）"合作的伙伴关系"模式（collaborative-partnership model）。在这个模式中，非营利组织拥有大量的自治和决策的权利，在项目管理上也更有发言权。吉德伦等认为，长期以来，由于人们误以为政府提供资金就能够控制非营利组织，就理所当然地认为"合作的卖者"模式是最普遍的形式。但实际上，合作的伙伴关系模式在福利国家中更加普遍。美国是最典型的合作模式。

五　国家、市场、志愿部门相互依赖理论

罗伯特·伍思努（Robert Wuthnow，1991）提出的国家、市场和志愿部门的三部门模式。国家定义："由形式化的、强制性的权力组织起来并合法化的活动范围。"国家的主要特点是强制性的权力。市场定义："涉及营利性的商品和服务的交换关系的活动范围"，"它是以与相对的供给和需求水平相关的价格机制为基础的"。市场主要以非强制的原则来运作。志愿部门定义："既不是正式的强制，也不是利润取向的商品和服务的交换剩余的活动范围。"它主要以志愿主义的原则来运作。

伍思努认为，在概念上，这三个部门之间的关系看起来比较清楚，但在实践中，政府、市场和志愿部门的关系正变得日益模糊。在政府与市场之间，由于政府和商业部门在科学技术方面的共同投资以及政府以管制、税收等方式介入市场，彼此之间的界限已经很难分清了。在政府和志愿部门之间，由于政府把一些福利项目承包给志愿组织，并为他们提供资金，政府与志愿部门之间的项目合作

也模糊了彼此的界限。在很多情形下，复杂的组织计划把营利性活动与非营利性活动置于同样的管理体制下，志愿部门与市场的关系也很难分清了。不同社会中这三个部门重叠的程度是不一样的。

在伍思努看来，政府、市场和志愿部门之间存在着频繁的互动和交换关系，这包括：竞争与合作；各种资源的交换；各种符号的交易等。当不止一个部门的组织提供相似服务的时候，就存在着竞争关系。当集中不同的资源来共同解决社会问题的时候，彼此之间就是合作关系。伍思努以城市中给老年人提供食品的例子来说明这种合作关系：由政府出钱购买食品，营利性的组织如饭馆等负责准备食品，非营利组织来协调这些活动并负责组织志愿者来发送食品。各个部门之间还存在着资源交换关系，组织和管理人员、技术、法律保护、公共关系、资金等往往在部门之间相互流动。

第三节 西方理论解释中国 NPO 发展的局限性①

一 关于政府失灵理论

韦斯布罗德较为细致地分析了政府失灵与非营利组织的产生之间的关系。在他看来，非营利组织是在政府和市场都不能满足公众的多样化需求的情况下应运而生的。我认为，这种说法可以部分解释中国非营利组织生成和发展。从中国现阶段的情况来看，非营利组织是在政府组织之后出现的，而且在很大程度上是在政府无法满足公众需求的情况之下产生的。但韦斯布罗德的理论还不足以很好地解释中国非营利组织的发展。

首先，我们有必要分析一下韦斯布罗德所说的政府失灵的含义是什么。如果脱离具体的运用范围和分析逻辑，"政府失灵"的说法常常是大而不当的。从前面的论述可以看出，韦斯布罗德所说的"政府失灵"指的是，由于民主制政府特定的运作逻辑（民主制的

---

① 资料来源：参考《非营利组织相关理论》整理。（https://www.docin.com/p-1472836607.html）。

投票决策方式），政府决策往往只是代表了中位选民的意见，而不能满足其他选民的需求，从而导致了政府失灵。这显然和中国非营利组织产生的政治环境完全不一样。也就是说，韦斯布罗德所说的政府失灵的前提和条件，在中国是不具备的。当然，韦斯布罗德并没有试图把他的理论扩展到对于中国非营利组织的分析，只是我们试图运用他的理论来分析中国现实的时候，由于适用条件的变化，要注意理论的局限性。如果我们假设中国的非营利组织是在政府失灵的情形下产生的，那么这种政府失灵是政府进行资源动员和社会治理的失灵，而不是投票决策方式导致的失灵。

其次，韦斯布罗德的理论在逻辑上还有一些值得商榷的地方。既然政府代表的是中位选民，而不是其他弱势群体的意见，那么为什么政府会有那么多对社会中的弱势群体实施社会救助的法令出台呢？即使政府在具体实施救助计划的时候依赖于大量的非营利组织，但我们首先必须注意的是，美国非营利组织的绝大部分资金是来自于政府的。也就是说，不管直接实施救助的主体是非营利组织还是政府自身，政府都直接或间接通过了对弱势人群实施救助的法令。这里存在一个逻辑上的矛盾：既然政府不能反映弱势群体的需求，那么政府为什么会出台反映在社会中占少数的弱势人群利益的法令呢？同时，韦斯布罗德没有关注到限制政府行动的非经济因素，以及非营利组织本身与政府在组织特点和利用资源方式上的差异性。这种剩余分析策略使得非营利组织自身的组织特点和运作方式仍然是一个黑箱。这极大制约了该理论的解释力。

二　关于第三方治理理论

赛拉蒙采用了与韦斯布罗德截然不同的分析逻辑。韦斯布罗德更多的是把非营利组织看作政府失灵和市场失灵之后的替代性衍生物；而赛拉蒙则认为，非营利组织是先于政府（国家）出现的，非营利组织的根源可以上溯到几千年以前。同时，赛拉蒙关注到了政府和非营利组织各自的组织特点和运行方式，以及它们的局限性。并由此推论，正是由于二者在资金来源、运行方式、组织成本等方面的优劣互补，才使得政府与非营利组织之间建立起了伙伴关系。这一理论仍然不能圆满地解释中国非营利组织的产生和运作。

首先，在非营利组织的资金来源方面，中国政府部门并没有像美国那样，通过为非营利组织提供资助，委托非营利组织去提供服务。也就是不存在政府与非营利组织之间的服务购买和委托—代理的契约关系。中国非营利组织的运作资金，尤其是开展福利项目的资金，绝大部分是来源于民间，主要依靠社会捐献，而不是来源于政府。其次，在服务配送方式上，中国并没有出现由政府委托非营利组织给需要者配送服务的情形，绝大多数社会服务仍然是由政府部门来完成的。20 世纪 90 年代中后期以来出现的非营利组织，很多是基金会，而不是从事具体福利服务的组织。政府并没有由于非营利组织出现而发生服务配送方式上的改变。其三，在中国，政府不仅仅是以"资金和指导的提供者"的角色出现的。政府很大程度上控制了非营利组织的人事任免权和较大资金的运用权。其四，中国的非营利组织并没有表现出赛拉蒙所说的组织特点上的优势。它们不仅明显具有赛拉蒙所说的慈善不足、慈善的业余主义等问题，而且表现出类似于政府组织的弊端，运行效率低下，人浮于事，对社会需求缺乏回应。有些弊端甚至比政府组织表现得更为明显。

在中国，既然政府与非营利组织并不存在组织特征上的互补性，那么为什么还会有如此大量的非营利组织集中出现呢？

三 关于其他几种理论

汉斯曼提出的合约失灵理论想要解释的是，为什么有些物品要由非营利组织，而不是由营利性组织来提供。他更多关注非营利组织与营利性组织的区别，而没有对政府与非营利组织之间的关系作出专门论述。

吉德伦等人提出的政府—非营利部门关系的类型学，伍思努提出的国家、市场、志愿部门相互依赖理论，基本上是从宏观层面来把握政府与非营利部门之间的关系。这种类型化的模式划分尽管可以为我们观察二者的关系提供一个简洁的途径，但在运用到对中国现实的分析时，往往容易把复杂的问题简单化。

在中国，政府与非营利部门如此复杂的交织在一起，以至于有些时候，我们甚至不能明确区分哪些是非营利组织、哪些是政府部门。中国的非营利组织与政府之间，正用一种精巧而超乎寻常的方式互动着。这种复杂的社会现实，往往要求我们在进行深入的研究之前，先把二者的关系定位问题悬置起来，从现象中建构理论，从而摆脱关于非营利组织与政府关系的简单二元论。

本章主要分析了我国 NPO 的发展现状与存在问题，进一步揭示了本研究的必要性和现实意义。简要介绍了西方主要非营利治理理论的产生背景、主要观点、应用价值和优缺点。最后，针对我国非营利组织现状，阐述了西方主要治理理论应用的局限性。本章为研究我国非营利组织的社会责任及其网络化治理提供了必要的理论基础和现实依据。

第三章　我国防灾减灾救灾的组织网络分析

改革开放以来，特别是 21 世纪以来，随着我国经济社会的转型发展，伴随着自然灾害和各类突发事件多发频发，各级政府高度重视防灾减灾救灾体系建设。目前，基本形成由多个社会主体构成的防灾减灾救灾组织网络，主要包括政府应急管理部门和相关职能部门、政府专业救援力量、社会救援组织、行业和中介服务组织和社会公众等。分析社会救援组织的参与机制，首先需要明确相关社会组织在防灾减灾救灾组织网络中的地位和主要职能。

第一节　我国防灾减灾救灾的组织网络概述

2016 年 12 月发布的《中共中央、国务院关于推进防灾减灾救灾体制机制改革的意见》第四部分"完善社会力量和市场参与机制"指出，"完善政府与社会力量协同救灾联动机制，落实税收优惠、人身保险、装备提供、业务培训、政府购买服务等支持措施……鼓励支持社会力量全方位参与常态减灾、应急救援、过渡安置、恢复重建等工作，构建多方参与的社会化防灾减灾救灾格局"[1]。目前，我国已经初步形成了政府主导、其他社会组织积极参与的防灾减灾救灾组织网络（如图 3-1 所示）。

---

[1] 《中共中央、国务院关于推进防灾减灾救灾体制机制改革的意见》，2016 年 12 月 19 日，人民网—《人民日报》（http：//politics. people. com. cn/n1/2017/0111/c1001 - 29013491. html）。

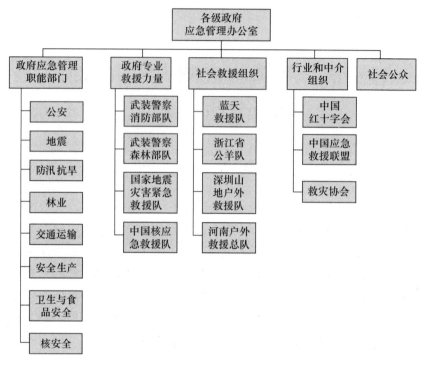

图 3 - 1　防灾减灾救灾的组织网络示意图

　　2003 年的"非典"催生了我国国务院、省、市、县各级政府都设置专门的管理机构——应急管理办公室，作为平时减灾防灾和灾难应急处置的政府综合管理和协调机构。其主要职能就是我国各级政府负责防灾减灾救灾的指挥部，对于其他相关职能部门如公安、地震、防汛、安全生产等具有指导、协调、监督等管理职能。它们共同构成了我国防灾减灾救灾体系中的政府管理职能部门。

　　各类政府灾害职能部门和专业救援力量是防灾减灾救灾的主力军。它们主要包括公安、地震、防汛抗旱、林业、交通运输、安全生产、卫生与食品安全、核安全等职能管理部门，这些部门为了履行职责，相应配备了专业的救援力量，例如中国人民武装警察消防部队、中国人民武装警察森林部队、中国国家地震灾害紧急救援队和中国核应急救援队等。

　　社会救援组织是我国防灾减灾救灾组织网络中的重要力量。2008 年汶川大地震以来，越来越多的社会救援组织活跃在每一次重大灾害救援活动中，同时积极参与平时的减灾防灾活动。他们在政府的统一指导协调下，充分发挥自身特长和优势，以机制灵活、效率高成为防灾减灾救灾体系中的重要力量。有的社会救援组织甚至走出国门参与国际救援活动，赢得良好声誉。全国规模较大、较规范的社会救援组织有蓝天救援队、浙江省公羊队、河南户外救援总队、深圳山地户外救援队等。

　　另外，行业和中介组织也是防灾减灾救灾的社会主体之一。它们在防灾减灾救灾体系中主要发挥信息服务、监督管理、考核评估和统筹协调等职能。我国近年来也越来越重视这类组织的发展与规范。例如，中国红十字会、中国应急救援联盟和各级救灾协会等。

　　最后，应该明确社会公众也是防灾减灾救灾的重要主体之一。社会公众的防灾减灾意识和自救能力，直接决定社会防灾减灾救灾体系建设和应急救援的效果。

第二节　政府应急管理及职能部门发挥主导作用

　　政府应急管理部门，主要是指在防灾减灾救灾体系中负责决策和指挥协调的综合政府部门。目前我国从国务院直到县级人民政府都设立了政府应急管理办公室。政府职能部门，是指政府体制内拥有特殊的专业技能、业务范围以及特定资源、设备和能力，担负着紧急事务应对中的某些特殊任务的职能部门。这些政府职能部门的主要职责是：有效贯彻防灾救灾管理中枢指挥系统的决策，确保在灾害发生之后，在综合协调部门的统一调度下，迅速组织和整合各方面的人力、物力和财力，从而有效地化解灾害损失。

　　一般来说，防灾减灾救灾职能主要涉及国家安全、公安、消防、医疗、卫生、通信、交通、民政、社会保障等方面。目前，我国的政府职能部门中主要负责防灾救灾职能的有关部门主要有公安部、中国地震局、水利部（国家防汛抗旱总指挥部）、国家安全生产监督管理总局、国家林业局、交通运输部、卫生和计划生育委员会、国家核安全局和民政部。下面简单介绍其中几个主要部门的职能。

一　公安部

公安部涉及两个救援体系：公安救援体系和消防救援体系。前者由公安部各行政层级负责管理，拥有各级公安人员和武装警察部队，主要针对公共安全和社会治安救援；后者由公安部主管，覆盖国家、省、市、县四级部门，拥有消防总队、特勤消防大队和消防中队，主要针对火灾防治和救援。

二　中国地震局

中国地震局是管理全国地震工作、经国务院授权承担《中华人民共和国防震减灾法》赋予的行政执法职责的国务院直属事业单位。中国地震局成立于 1971 年，时称国家地震局，1998 年更名为中国地震局。其主要职能包括：负责拟定国家防震减灾工作的发展战略、方针政策、法律法规和地震行业标准并组织实施；组织编制国家防震减灾规划，制定国家破坏性地震应急预案及其备案制度；指导全国地震灾害的预测和预防，提出地震灾区重建防震规划的意见；制定全国地震烈度区划图或地震动参数区划图，管理重大建设工程的地震安全性评价工作，审定评价结果，确定抗震要求。① 同时，中国地震局还具有防震减灾的科学研究和国际交流职能，管理指导所属专业救援力量中国国家地震灾害紧急救援队，积极有效地开展抗震救灾工作。

三　国家防汛抗旱总指挥部

国家防汛抗旱总指挥部成立于 1950 年 6 月 3 日，根据国务院 2008 年机构改革方案，国家防汛抗旱总指挥部具体工作由水利部承担。下设国家防汛抗旱总指挥部办公室，在防灾救灾方面的主要

---

① 《中国地震局职能配置、内设机构和人员编制规定》，《四川政报》1999 年第 19 期。

职能有：组织、协调、指导、监督全国防汛抗旱工作；组织协调指导台风、山洪等灾害防御和城市防洪工作；负责对重要江河湖泊和重要水利工程实施防汛抗旱调度和应急水量调度；编制国家防汛抗旱应急预案并组织实施，组织编制、实施全国大江大河大湖及重要水工程防御洪水方案、洪水调度方案、水量应急调度方案和全国重点干旱地区及重点缺水城市抗旱预案等防汛抗旱专项应急预案；负责全国汛情、旱情和灾情掌握和发布，指导、监督重点江河防汛演练和抗洪抢险工作；负责组织实施国家防汛抗旱指挥系统建设，组织开展全国防汛抗旱工作评估工作，等等。[①]

四 国家林业局

国家林业局主管森林火灾救援体系，覆盖国家、省、市、县四级管理部门，拥有七支武警森林总队，在各省市也均组建了森林防火队伍，主要针对森林火灾的扑救工作。国家林业局下设森林公安局，又称国家森林防火指挥部办公室，其应对火灾防治的主要职责有：负责掌握全国森林火情，发布森林火险和火灾信息，组织开展森林防火宣传工作；组织拟订森林防火工作的政策法规、制度并监督执行；组织制定并实施森林防火发展战略、中长期规划；组织、指导、协调武警森林部队和专业森林防扑火队伍的防扑火工作；指导森林防火基础设施建设；协调指导重特大森林火灾扑救工作；组织拟订并实施国家重特大森林火灾应急预案，制定并实施国家森林防火指挥部办公室重特大森林火灾应急预案；指导各地森林火灾应急预案编制及演练工作；组织协调重特大森林火灾火场应急通信保障工作等。

五 交通运输部

交通运输部主管海事救援体系，覆盖国家和省一级的管理机构，拥有 11 个沿海省级搜救中心、长江水上救援中心和 3 个海上

---

① 《国家政府职能资料》，《互联网文档资源》，2012 年 11 月 26 日，百度文库（https://wenku.baidu.com/view/cc0610addd3383c4bb4cd26d.html）。

救助局，主要负责各项海上搜救工作的开展。下设中国海上搜救中心，其防灾救灾职能主要体现在：负责组织、协调、指挥重大海上搜救和重大海上溢油应急处置工作以及重要通航水域清障工作；指导、监督地方人民政府和相关企业海上搜救和溢油应急处置工作；负责组织、协调和指挥公路、水路重大突发事件处置工作；负责牵头组织编制、修订国家海上搜救应急预案和国家重大海上溢油应急处置预案并组织实施；负责组织拟订公路、水路应急预案并监督实施；负责国家海上搜救和重大海上溢油应急反应机制有关具体工作，指导有关应急处置体系建设。

六 国家安全生产监督管理总局①

国家安全生产监督管理总局下设国家安全生产应急救援指挥中心，其主要职责为：参与拟定、修订全国安全生产应急救援方面的法律法规和规章，制定国家安全生产应急救援管理制度和有关规定并负责组织实施；负责全国安全生产应急救援体系建设，指导、协调地方及有关部门安全生产应急救援工作；组织编制和综合管理全国安全生产应急救援预案，对地方及有关部门安全生产应急预案的实施进行综合监督管理；负责全国安全生产应急救援资源综合监督管理和信息统计工作，建立全国安全生产应急救援信息数据库，统一规划全国安全生产应急救援通信信息网络；负责全国安全生产应急救援重大信息的接收、处理和上报工作。负责分析重大危险源监控信息并预测特别重大事故风险，及时提出预警信息；指导、协调特别重大安全生产事故灾难的应急救援工作；根据地方或部门应急救援指挥机构的要求，调集有关应急救援力量和资源参加事故抢救；根据法律法规的规定或国务院授权组织指挥应急救援工作。②

---

① 因新组建的国家应急管理部的职能正在整合调整中，故这里仍然将国家安全生产监督管理总局作为主要职能部门介绍分析其职能。

② 国家安全生产应急救援指挥中心，2015 年 9 月 10 日，原国家安全生产监督管理总局网站（http://www.emc.gov.cn/emc/Contents/Channel _ 5982/2015/0910/257731/content_ 257731.html）。

另设有矿山救援指挥中心，组织协调全国矿山应急救援工作，负责国家矿山应急救援体系建设，组织起草有关矿山救援方面的规章、规程和安全技术标准，承办矿山应急救援新技术、新装备的推广应用工作，负责全国矿山救护比武、矿山救护队伍资质认证工作，承办全国矿山救护技术培训工作。①

2018 年 4 月，根据中共中央《深化党和国家机构改革方案》，组建成立了应急管理部。为防范化解重特大安全风险，健全公共安全体系，整合优化应急力量和资源，推动形成统一指挥、专常兼备、反应灵敏、上下联动、平战结合的中国特色应急管理体制，将国家安全生产监督管理总局的职责，国务院办公厅的应急管理职责，公安部的消防管理职责，民政部的救灾职责，国土资源部的地质灾害防治、水利部的水旱灾害防治、农业部的草原防火、国家林业局的森林防火相关职责，中国地震局的震灾应急救援职责以及国家防汛抗旱总指挥部、国家减灾委员会、国务院抗震救灾指挥部、国家森林防火指挥部的职责整合，组建应急管理部，作为国务院组成部门。主要职责是，组织编制国家应急总体预案和规划，指导各地区各部门应对突发事件工作，推动应急预案体系建设和预案演练。建立灾情报告系统并统一发布灾情，统筹应急力量建设和物资储备并在救灾时统一调度，组织灾害救助体系建设，指导安全生产类、自然灾害类应急救援，承担国家应对特别重大灾害指挥部工作。指导火灾、水旱灾害、地质灾害等防治。负责安全生产综合监督管理和工矿商贸行业安全生产监督管理等。②

七　国家卫生健康委员会

2018 年 4 月，根据中共中央《深化党和国家机构改革方案》，将国家卫生和计划生育委员会、国务院深化医药卫生体制改革领导

---

① 《国家安全生产监督管理局（国家煤矿安全监察局）矿山救援指挥中心成立》，《中国经贸导刊》2003 年 3 月 15 日。

② 中共中央印发《深化党和国家机构改革方案》（全文），2018 年 3 月 21 日，央广网（https：//baijiahao. baidu. com/s？id＝1595535677487729848&wfr＝spider&for＝pc）。

小组办公室、全国老龄工作委员会办公室的职责，工业和信息化部牵头的《烟草控制框架公约》履约工作职责，国家安全生产监督管理总局的职业安全健康监督管理职责整合，组建成立国家卫生健康委员会。其主要职责是，拟订国民健康政策，协调推进深化医药卫生体制改革，组织制定国家基本药物制度，监督管理公共卫生、医疗服务和卫生应急，负责计划生育管理和服务工作，拟订应对人口老龄化、医养结合政策措施等。① 国家卫生健康委员会主管医疗救援体系，在全国各行政层级均设有管理机构，拥有各级紧急救援中心和医疗救治机构，下设卫生应急办公室（突发公共卫生事件应急指挥中心），主要职责为：拟订卫生应急和紧急医学救援政策、制度、规划、预案和规范措施，指导全国卫生应急体系和能力建设，指导、协调突发公共卫生事件的预防准备、监测预警、处置救援、总结评估等工作，协调指导突发公共卫生事件和其他突发事件预防控制和紧急医学救援工作，组织实施对突发急性传染病防控和应急措施，对重大灾害、恐怖、中毒事件及核事故、辐射事故等组织实施紧急医学救援，发布突发公共卫生事件应急处置信息。

八 国家核安全局

国家核安全局成立于 1984 年，主要负责核安全和辐射安全的监督管理工作，拟定核安全、辐射安全、电磁辐射、辐射环境保护、核与辐射事故应急有关的政策、规划、法律、行政法规、部门规章、制度、标准和规范，并组织实施。针对核设施的核安全、辐射安全及辐射环境保护工作进行统一监督管理。在应对可能到来的核辐射危机时，负责制订核辐射应急响应计划，调查处理核事故现场。参与核辐射恐怖事件的防范与处置工作。②

---

① 中共中央印发《深化党和国家机构改革方案》（全文），2018 年 3 月 21 日，央广网（https://baijiahao.baidu.com/s? id＝1595535677487729848&wfr＝spider&for＝pc）。

② 国家政府职能资料《互联网文档资源》，2012 年 11 月 26 日，百度文库（http：//wenku.baidu.com）。

第三节　政府专业救援力量是主力军

不容否认，目前政府的专业救援力量仍然是我国防灾减灾救灾的主力军。它们各司其职，既有分工，又有合作，共同组成了我国防灾减灾救灾的有生力量。下面，简单介绍几个专业救援力量的主要职能。

一　中国人民武装警察消防部队

中国人民武装警察消防部队，又称公安消防部队，隶属于国务院公安部公安消防局，为正军级单位，位列公安部第七局，是在公安机关领导下同火灾做斗争的一支实行军事化管理的部队，执行解放军的三大条令和兵役制度，纳入武警序列。实行公安机关领导，条块结合，分级管理的管理体制。各省、市、自治区设武警消防总队；地（市、州、盟）设武警消防支队；县（市、旗）设消防大队，下辖各中队，同时又是各级公安机关的业务机构。省级单位为省消防总队，下辖市消防支队（市级抢险救援中心）常设部门有司令部、政治处、防火处、后勤处等，每个消防支队又分管县级大队和执勤中队。消防中队（分管各战斗班）是基层消防力量，出警次数最多。[①]

武警消防部队管理机构的职能主要由公安部消防局负责，主要职责有：组织拟定消防法规和技术标准并监督实施；指导消防监督、火灾预防、火灾扑救工作；组织、指导公安消防应急抢险救援工作；组织、指导消防安全宣传工作和社会消防力量的动员、培训工作；指导公安消防部队的业务和队伍建设；主管天津、沈阳、上海、四川消防研究所，消防产品合格评定中心，中国消防协会。[②]

[①]　按照国务院机构改革方案，中国人民武装警察消防部队退出现役，因为改革正在实施过程中，这里还按原编制表述。

[②]　同上。

二 中国人民武装警察森林部队

中国人民武装警察森林部队，是担负森林防火、灭火任务的武警部队。前身是中国人民解放军野战部队，于 1948 年组建；1978 年实行义务兵役制；1988 年列入武警部队编制序列并改现名；1999 年归武警总部和国家林业主管部门领导。武警森林部队的扑火模式已实现由单一常规向机械化、信息化复合型转变，从单一地面运输向机降投入和特种运输并举转变，战斗力水平不断跃升。森林部队科技装备投入运用不断加大，已彻底告别单纯依靠扫帚、树枝的原始扑火方式，形成立体化、多层次、全方位的现代化作战装备体系。部队建制包括：水枪分队、灭火炮分队、索滑降分队、装甲分队、水泵分队在内的 50 多个特种分队，配备特种消防车、装甲脉冲式水枪、森林灭火炮、北斗一号卫星定位系统和水陆两用电台等国内外最新灭火装备。信息化建设方面，开通火情监测、天气预测预报专网，组建 350 兆超短波通信网，实现"火场通""动中通"无缝链接，上下、友邻、警地间指挥畅通无阻。①

三 中国国家地震灾害紧急救援队

中国国家地震灾害紧急救援队，对外亦称中国国际救援队，英文缩写 CISAR，成立于 2001 年 4 月 27 日，时任国务院副总理的温家宝同志亲自授旗。它是由中国地震局管理人员和技术专家、第 38 集团军工兵团搜救队员、武警总医院医疗队员组成，共计 480 人，具备同时在 3 处复杂城市条件下异地开展救援的能力，也可以同时实施 9 处一般城镇作业点位的搜索救援行动。2009 年 11 月，中国国际救援队通过联合国国际重型救援队分级测评，获得国际重型救援队资格认证，成为全球第 12 支、亚洲第 2 支国际重型救援

---

① 按照国务院机构改革方案，中国人民武装警察消防部队退出现役，因为改革正在实施过程中，这里还按原编制表述。

队。同时经联合国授权，具备在国际救援行动中组建现场协调中心和行动接待中心资格。2014 年 8 月，中国国际救援队通过联合国能力分级测评复测，再次得到联合国国际重型救援队资格确认。中国国家地震灾害紧急救援队是由部队官兵、地震专家和医疗救护人员共同组建的队伍，既是一支多重领导、多部门参与、不同行业人员共存的队伍；也是一支团结协作、训练有素、装备精良、富有成效的队伍；更是一支冲锋在抢险救援最前线的突击队和攻坚队。中国国家地震灾害紧急救援队的主要任务是对因地震灾害或其他突发性事件造成建（构）筑物倒塌而被压埋的人员实施紧急搜索与营救。

四　中国核应急救援队

中国核应急救援队成立于 2016 年 5 月 24 日，是在国家核应急体制框架下，依托军队及核工业现有核应急力量组建成立的国家级核应急救援队，救援队共计 320 人，专业覆盖包括辐射防护、医学救援等，有效控制核事故发生、缓解核事故危害、减轻核事故后果。救援队下设六支救援分队，分别是：指挥协调与技术支持分队、突击抢险分队、工程抢险分队、应急监测与辐射防护分队、去污洗消分队、医学救援分队。训练基地由事故场景模拟训练基地、操作技能训练基地、理论教学基地三部分构成。中国核应急救援队重点承担复杂条件下重特大核事故突击抢险和紧急处置救援任务，并参与国际核应急救援行动。

第四节　社会救援组织是重要力量

社会救援组织在国家的防灾减灾救灾组织网络中，同政府救援组织一样不可或缺。一个国家的社会组织动员能力，是考量其现代化程度的重要标志之一。社会救援组织作为防灾救灾组织体系中的重要主体，具有多方面的社会功能：整合民间的社会资源，推动防灾救灾行业的发展；提高民众的参与度，唤醒社会公众的防灾救灾意识等。在此基础之上，社会救援组织在争取政府的政策性支持、吸引政府参与其项目的同时，也积极参加政府组织的救灾活动，参与防灾救灾方案的策划，并监督和评估政府相关落实行为。我国的防灾救灾活动一直是由政府主导，通过动员行政力量去执行相关措施。随着我国经济社会的日渐成熟，民间自发成立的社会救援组织越来越发挥重要作用。下面介绍几个目前规模较大的社会救援组织。

一　蓝天救援队

蓝天救援队（BSR）是国内一所独立的专业性民间志愿公益救援机构，指挥中心设在北京。目前，蓝天救援队已经在全国 31 个省、市、自治区成立品牌授权的救援队，全国登记在册的志愿者超过 30000 余名，其中有超过 10000 名志愿者经过了专业的救援培训与认证，可随时待命应对各种紧急救援。蓝天救援队的主要任务是协助政府应急救援体系展开防灾、减灾方面的教育培训，并直接参与各种灾害事故救援行动，减少灾害和事故造成的财产和生命损失。无论是台风、地震、雪崩、洪水、泥石流等自然灾害，还是山林火灾、大型意外事故与其他户外安全事故，都在蓝天救援队的应对范围内。经过多年的发展与实际救援，蓝天救援队已经形成了一个建立在风险处理及预防基础上的综合性应急管理体系，成为一个涵盖生命救援、人道救助、灾害预防、应急反应能力提升、灾后恢复和减灾等各个领域的专业化、国际化的人道救援机构。蓝天救援队成立以来，参与了 2007 年以后国内所有大型灾害的救援工作，如汶川地震救援、贵州抗旱救援、玉树地震救援、雅安地震救援、菲律宾国际救援、"东方之星"客轮救援等，工作范围涵盖山野救援、城市救援、水域救援、自然灾害救援、安全生产事故救援、意外事故救援和防减灾培训、大型群众性活动的保障等各领域。目前每年救援案例超过 1000 起。他们在救援实践中逐渐总结出具有中国特色的应急救援标准，在应急领域的影响力日益增强。

二　浙江省公羊队

浙江公羊队成立于 2009 年 5 月，是公羊会下属的一支专门应对国家次生灾害、地震抗险救援、山林山难救援、城市应急救援以及城市失智老人走丢搜寻救助的民间公益救援队伍。公羊队除拥有 500 多名经过严格挑选、培训考核，具有扎实救援知识及实战经验的志愿者外，还在浙江杭州及四川成都建立了两个战备仓库，储备有应急救援专用车、冲锋艇、充气船、无人飞机、卫星电话、专业医疗帐篷（含配套设施）以及众多山地和水上救援器材等装备，时刻准备着救危助难、扶弱帮困，为社会出力，为政府分忧。

公羊队成立以来，执行山林走失驴友救援任务 27 次，执行 24 小时公益急寻任务 67 次，同时，也参加了玉树、雅安、鲁甸、景谷、康定、尼泊尔、巴基斯坦等地震救援及 2013 年浙江余姚洪水救灾行动以及 2014 年杭州 "7·5" 公交车灭火事件。在救援行动中，总共救助 2000 多条生命。此外，公羊队除了执行应急救援行动以外，每年向社区居民及户外爱好者、学生进行百余次应急救援安全知识培训及常见意外伤害急救处理实际操作培训。同时，也组织开展助老、助孤、帮残、济困、助学和赈灾等社会公益帮扶活动。被授予为杭州红十字救援队、杭州市城市管理社会应急救援队、西湖区志愿者大队。

三　河南户外救援总队

河南户外救援总队，成立于 2006 年 4 月 2 日，是 "壹基金"救援联盟的核心成员，总队队部设在河南省会郑州市，所属 18 支救援分队。河南户外救援总队是由一批热心于社会公益事业的户外运动爱好者自愿发起，从事户外遇险救援的民间公益性团体。随着近几年户外运动的普及与发展，野外遇险的事情时有发生，从初期的户外运动爱好者的自救行为，逐渐形成了有组织的户外公益团体，涌现出一大批由专业的搜救人员、医护人员等相关专业人士组成的社会救援组织。2009 年，河南户外救援队与壹基金救援联盟合作，壹基金救援联盟把其作为一个重要试点单位来给予资金扶持。2012 年 5 月，河南户外救援队正式更名为壹基金救援联盟河南户外救援总队，同时组建了总队七人的管理组，实行队长每月轮值制度，逐步完善了各个机构。并启用了救援总队标志、章程、队服、车贴、网站等代表性物品。开设了公益性的遇险紧急救援电话 400 - 000 - 5110，并开展了各辖区范围的户外救援及紧急灾害救援活动。把安全知识课堂带进学校，积极开展户外遇险预防知识的公益培训课堂，联合其他兄弟救援队和武警消防部队进行救援演练，通过专业的系统培训不断完善和提高救援队队伍素质。曾经和中国台湾救助协会、中国香港民安救援队、美国山地救援协会等进行救援技术研讨，与国内所有民间救援机构都做过交流，开拓了应急救援新视角新理念。

四 深圳山地户外救援队

深圳山地户外救援队由深圳体育局 2008 年 7 月正式批准成立，隶属于深圳市登山户外运动协会，由深圳市登山、户外运动爱好者及相关组织自愿结成的非营利性社会组织，接受深圳市应急指挥中心、深圳市体育局、深圳市民政局的业务指导和监督管理。深圳山地户外救援队由一群技术体能过硬、爱好山野并热心公益事业的山友组成，目前有队员 70 余人，下设搜救中队、技术与规范部、培训部、特勤部、行政外联部等下属机构，所有队员均将接受严格而系统的理论、技术、体能培训。深圳山地户外救援队的宗旨配合政府完善社会应急救援机制，为深圳市及周边地区的登山户外爱好者和广大市民提供专业的户外紧急救援技术支持，倡导安全户外理念，传授安全户外知识。深圳山地户外救援队的目标是整合社会各界力量，搭建户外安全保障平台，宣扬志愿服务精神，致力使社会公益、全民健身成为深圳市精神文明建设的一个重要组成部分。①

---

① 期刊编辑特稿：《中国民间救援组织速览》，《现代职业安全》2009 年第 7 期。

第五节　行业和中介组织搭建服务管理平台

行业和中介组织是指在防灾减灾救灾体系中提供信息服务、监督管理、考核评估和统筹协调等职能的社会组织，是防灾减灾救灾的社会主体之一。

一　中国红十字会

中国红十字会是从事人道主义工作的社会救助团体，是国际红十字运动的成员。中国红十字会以发扬人道、博爱、奉献精神，保护人的生命和健康，促进人类和平进步事业为宗旨。中国红十字会于 1904 年成立，主要从事救助难民、救护伤兵和赈济灾民活动，为减轻遭受战乱和自然灾害侵袭的民众的痛苦积极工作，并参加国际人道主义救援活动。[①] 中国红十字会下设赈济救护部（应急工作办公室），主要防灾救灾职责有：指导全国红十字会系统开展备灾救灾、应急卫生救护、人道救助等工作，负责拟定完善相关政策、制度和发展战略、发展规划；负责全国红十字会系统备灾救灾、应急卫生救护、人道救助等业务培训、考核评估、信息收集等工作；负责拟订总会筹集款物开展的备灾救灾、应急卫生救护、人道救助等工作的具体计划，并指导实施、监督和检查；统筹总会应急救援队伍、备灾救灾设施的建设和管理，负责针对突发公共事件的应急救助和救护工作；负责总会应急工作办公室的日常工作。

截至目前，全国红十字系统已建有 350 个备灾救灾中心（物资库），总面积达 13.8 万平方米，库容量达 35.5 万立方米。其中，国家级备灾救灾中心 2 个，区域性和省级红十字会备灾仓库 31 个，地市级备灾救灾中心 123 个，县级红十字会备灾仓库 194 个，形成了以总会备灾救灾中心、区域性备灾救灾中心为重点，省级备灾救

---

① 李丽、张辉、孙倩静：《关于红会的 N 个谣言是怎么流传的》，《中国报业》2013 年 5 月 15 日。

灾中心为基础，灾害多发的地市和县级物资库为补充的国家、区域和基层三级红十字应急物资储备网络体系和全国联动的备灾救灾网络，保证了灾害发生后救灾物资能够在第一时间就近运抵灾区并发放到受灾群众手中。

2013 年，通过评审认证，确立了七类 21 支国家级红十字救援队，为全国红十字应急救援体系建设树立了标杆。21 支国家级救援队按照区域地理、灾害发生频率等因素分布在 17 个省份，救援范围涵盖全国，可以做到在灾害发生后的 24—48 小时内启动响应，抵达受灾地区并开展救援工作。目前，中国红十字救援队的日常后勤保障具备 1 个月的自给自足能力，梯队救援时可以完成超过 4 个月的部署，足可以实现可持续救援的目标。同时，为提升中国红十字救援队的整体实力，在吸收、借鉴国际组织和其他国家红十字会发展建设应急救援队先进经验的基础上，中国红十字会大力推进了救援队的专业化、规范化和标准化建设。开展救援队培训、演练，并通过地震、台风、洪涝灾害等国内外救灾实战积累了丰富的救援经验。

二 中国紧急救援联盟

中国紧急救援联盟是从中国户外救援联盟转变而来。为使民众在意外事件发生之后能得到更加迅速有效的救助，最大限度地减少乃至避免遇险人员的生命财产损失，2008 年初，中国几十支救援队在目标和途径高度一致的前提下，联合发起成立了中国户外救援联盟。

在此之前，作为户外救援联盟发起成员的各支救援队，都是在本区域内长期开展救援相关活动，同时具有专业救援经验与良好社会影响力的公益团体。"5·12"四川汶川大地震发生后，户外救援联盟所属各救援队在第一时间奔赴灾区，尽一切力量实施灾害救援，这也是该联盟成立后开展的第一次大规模救援行动。通过这次行动，联盟全体成员认识到，救援联盟的救助范围应扩大到一切处于危险之中的人，教育和救助应该成为救援机构的两个工作重点，为了更好地完成这一共同使命，全体成员同意将中国户外救援联盟进一步转变为中国紧急救援联盟。①

中国紧急救援联盟同时接受中国红十字会、民政部紧急救援促进中心的业务指导，并且积极寻求与国内外各专业救援组织建立密切合作关系，致力于推进国内紧急救援体系的发展与完善，提高反应速度和综合救援能力，最终实现与国际救援活动的无缝衔接，在应对各种自然灾害和突发意外事件时能够更有效地动员、协调、整合成员力量，使"人人享有紧急救援"成为可以实现的目标。② 目前，联盟成员机构已覆盖国内所有地区。

第六节　社会公众是防灾减灾救灾的直接参与者

防灾救灾不仅是对政府相关职能的考验，也是对整个社会动员能力的挑战。一般来讲，社会公众是突发性灾害或事件的直接受害对象，其生命财产安全是防灾救灾管理中最重要的内容，因而社会公众自身的防灾意识、预防能力和应对水平，也是一项防灾救灾管理的重要任务。社会公众参与防灾救灾的重要性主要有以下三点。③

一　社会公众是灾害危机预警的直接发出者

在地震、火灾、洪涝灾害等发生时，社会公众是现场的目击者；而在发生重大安全事故时，公众又是事发现场的直接见证者或是当事人。因而，社会公众能否及时有效地发出灾害预警，在某种程度上决定了政府职能部门对灾害处理的效果和成败，也直接影响能否最大限度地减少灾害损失。

二　社会公众是防灾救灾活动的直接参与者

灾害产生之后，在政府职能部门以及专业救援力量到达现场之

---

① 期刊编辑特稿：《中国民间救援组织速览》，《现代职业安全》2009 年第 7 期。
② 同上。
③ 胡税根等：《公共危机管理通论》，浙江大学出版社 2009 年版，第 188 页。

前，公众有效率地组织自救往往可以减少灾害带来的初步损失。研究和实践都证明，公众的自救和互救能力是减少灾害损失的决定性因素。

三　社会公众是最可靠的危机反馈者

灾害结束之后必然会进行一系列的反思和总结，而社会公众的意见也是最直接的信息来源。他们所提供的信息和数据是对灾害最为客观准确的反馈，有助于政府职能部门更好地总结防灾救灾管理的经验和教训。

从各国在防灾救灾管理的实践来看，社会公众参与防灾救灾管理机制的主要内容包括：形成灾害应急意识，发展社区内的应急救灾机制，做好防灾救灾的教育和动员，并重视社会志愿者组织在其中的应急组织功能。根据我国现状，防灾救灾的组织化建设可以通过社区、街道、村庄等居住地组织来实现，也可以通过相关社会团体、各类行业协会、专业性社团等进行。

本章主要分析了我国防灾减灾救灾体系的组织网络现状，分别介绍了政府应急管理职能部门、政府专业救援力量、社会救援组织、行业和中介服务组织、社会公众等各个组织主体的主要职能、特征和发挥的作用。从中可以明确各个组织主体之间的相互关系和作用，为下面研究社会救援组织的参与机制，确立了组织网络框架。

第四章 社会救援组织的社会责任
与可持续发展

社会责任是社会救援组织产生与发展的目的与归宿。作为非营利组织的性质与特征，社会救援组织的社会责任主要体现为社会公益性、互助性和无偿性。基于这种组织特性，要维持社会救援组织的可持续发展，就需要研究社会救援组织的参与机制。首先需要调查我国社会救援组织的发展概况，理清社会救援组织承担社会责任的重要意义，分析社会救援组织承担社会责任的机制优势，明确社会救援组织发展环境方面的有利因素。从而，为进一步分析社会救援组织治理机制面临的困境与挑战提供前提。

第一节 我国社会救援组织发展概况

2008 年汶川地震后，社会各界逐渐意识到社会力量在应急救灾抢险中的重要作用，我国的社会救援组织随之兴起壮大。由最初自发结成的救援小队到如今机构完整、管理规范，配备高科技装备的专业救援组织，经过十年来的发展壮大，中国的社会救援组织已成为灾害救援中的重要力量，为国家救援体系建设提供了有力补充。据不完全统计，截至 2016 年底，全国有超过 1000 支社会救援队伍，其救援范围涵盖山地救援、城市综合救援、水上救援、地质灾害等多个领域，其中比较有代表性的如蓝天救援队、壹基金救援联盟、中国社会福利基金会蓝豹救援队、浙江省公羊会公益救援促进会、河南户外救援总队等。这些社会救援组织在应急救援、社会捐助、强化社会的防灾救灾意识和开展帮扶上发挥了积极作用，得到了政府部门的肯定和社会公众的广泛认可。以下具体介绍其发展现状。

一 社会救援组织结构较为完整，救援专业化水平不断提高

在组织结构方面，目前国内社会救援组织根据组织救援活动划分职能部门，初步建立了层次分明的管理体系，日常管理活动趋于规范化和常态化。例如，"蓝天救援队"（中文名：蓝天救援；英文全称：Blue Sky Rescue，BSR），成立于 2007 年。蓝天救援实行队长负责制，有统一的发展理念、纪律和制度，标识、服装等实行蓝天救援品牌授权。蓝天救援在各省、自治区、直辖市设立"蓝天救援志愿服务联络员"岗位，负责对当地蓝天救援志愿服务工作的协调与指导、省内跨区域救援行动与公益活动的协调指挥、当地蓝天救援志愿服务组织建立申请的受理和能力考核，对于认同并自愿遵守《蓝天救援公约》的志愿服务组织，推荐其成立使用"蓝天救援"品牌的志愿服务组织。[①] 目前，蓝天救援已在全国 31 个省市自治区成立品牌授权的救援队，全国登记在册的志愿者超过 30000名，其组织规模在全国首屈一指。蓝天救援的组织结构比较规范，总部与全国各地分队的关系是直属管理关系，执行其各项管理制度，坚守发展理念。2015 年，蓝天救援成立了标准化小组，大力推进民间救援领域的标准化建设，这在全国社会救援组织中尚属首次。

在救援装备方面，正规社会救援组织大多配有生命探测仪、特种救援车辆、智能传感器、卫星电话等专业救援设备，部分较为有实力的救援队还配备了现场移动指挥系统、无人机探测系统、救援机器人等先进的高科技救援装备。同时，社会救援组织越来越注重对救援队员专业能力素质的培训和考核。许多社会救援组织每年都

---

① 蓝天救援队（https：//baike. baidu. com/item/% E8% 93% 9D% E5% A4% A9% E6% 95% 91% E6% 8F% B4% E9% 98% 9F/11045294？ fr = aladdin）。

会对救援队员的专业能力进行严格考核并定期组织演习，提高队员的实战能力，丰富队员的实战经验，如蓝天救援队会定期邀请资深救援专家进行理论培训，还会组织队员去救援培训基地等机构学习。

二 社会救援组织与政府联系日益紧密，合作更为有序规范

在发生灾害时，社会救援组织会第一时间从政府处获得灾害信息，并在到达现场后接受政府指挥部的统一指挥调配，与政府形成救灾合力。如汶川大地震救援期间，重庆奥特多救援队用他们的专业技术协助部队将失事直升机人员的遗骸抢运下山；"7·23"甬温线动车事故救援期间，温州民间空中救援队用他们的动力伞航拍事故现场，为后续救援提供了宝贵信息。① 这与此前各救援队无序的"单兵作战"相比，大大提高了救援效率。

与此同时，社会救援组织也获得了政府各项政策的支持。政府不断明确社会救援组织的法律地位，并以政府购买、提供救援装备等方式支持其发展壮大。最早的相关政策可以追溯到汶川地震后，国务院办公厅颁发的《关于加强基层应急队伍建设的意见》（国办发〔2009〕59号），倡导动员社会力量参与应急工作。2010年9月1日开始施行的《自然灾害救助条例》明确将民间紧急救援看作自然灾害发生后一股重要的力量，从而使民间紧急救援志愿者的行为有了法律和制度的保障。近年来，国家相关部委和各省市政府职能部门相继出台了一系列引导社会救援组织规范发展的政策文件，鉴于本书第一章研究背景部分已经具体阐述，这里不再重复。

三 社会救援组织的知名度和社会关注度不断提高

当下，许多社会救援组织通过社区义务服务，在社区开展义务救援培训等方式参与社区事务，这些活动在让普通民众获益的同

---

① 杨凯：《民间应急救援组织建设与政府管理模式创新》，《人民论坛》2014年6月，总第444期。

时，也拉近了社会救援组织与普通民众的距离，让社会救援组织公益、亲民的形象深入人心。

例如，2015 年的深圳市光明区"12·20"特别重大滑坡事故中，据不完全统计，全市共有 60 多家社会组织约 4000 名工作人员、3600 多名志愿者、300 多名专业社工在灾区开展相关救助服务，占救援总人数的三分之一；企业和民间救援队出动工程机械设备约 700 台，占全部投入设备的近三分之一；募得社会捐款约 350 余万元，捐赠物资 2038 件，为应急救助及善后处置等工作的顺利开展提供了有力支持。[①]

又如浙江省公羊队 24 小时公益急寻项目，该项目主要是针对走失失智老人的急寻活动，自开展以来屡获赞誉，受到了民众广泛好评，加深了社区民众对社会救援组织的了解（详见本书第八章第四节）。

四 社会救援组织走出国门，参加了许多跨国救灾活动

在近年发生的国际重大灾害如日本"3·11"大地震、"4·25"尼泊尔地震、新西兰 6.3 级地震中，处处都有中国社会救援组织奔走营救的身影。这不但为社会救援组织积累了救援经验，还拉近了中国与国际社会的关系，树立了积极正面的国家形象。2013 年 11 月 20 日，蓝天救援队代表中国红十字国际救援队参加菲律宾"海燕"台风灾害的救援工作，这次救援行动是中国社会救援组织九十年来第一次代表中国参与国际救援行动。此后，蓝天救援队还先后参与了缅甸雪山国际救援登山队员行动、缅甸洪水救援行动、尼泊尔国际地震救援行动、法库失事美国飞行员搜索行动及津巴布韦反盗猎任务等国际救援任务。

在肯定社会救援组织的成绩和优势的同时，也应该看到国内社会救援组织的参与机制依然存在着诸多问题，如救援水平良莠不

---

① 梁茜、钟礼银、许桂东：《引导社会力量参与构建多元化工作机制——以深圳光明"12·20"特别重大滑坡事故善后处置为例》，《中国减灾》2016 年 9 月上。

齐、组织信息披露工作不到位、组织内部管理不规范、各救援组织之间缺乏有效互动沟通平台等，需要各方协调，进一步改进提高。

第二节　社会救援组织承担社会责任的重要意义

承担社会责任是社会救援组织的根本属性和归宿。这主要体现在四个方面。即社会救援组织是防灾救灾体系的重要组成部分，有助于促进政府职能的转变，有利于推动社会治理体系和治理能力的现代化，有利于倡导和塑造全民公益的社会风尚。

一　社会救援组织是防灾救灾体系的重要组成部分

随着我国各类自然灾害和公共突发事件的频发多发，防灾减灾救灾任务日益严重，作为一项公共服务职能，政府的任务越来越重。防灾救灾体系的完善，需要包括社会救援组织在内的各类社会主体的积极参与。同时，随着我国经济社会快速发展，社会力量逐渐发展成长为救灾工作的一支重要力量，在现场救援、款物捐赠、物资发放、心理抚慰、灾后恢复重建等方面发挥了重要作用。但由于社会救援组织参与救灾工作的政策法规、协调机制、服务平台尚不健全，社会力量参与救灾依然存在信息不对称、供需不匹配、活动不规范等问题，影响了救灾工作效率和救灾资源高效发挥作用，迫切需要进一步加强体制机制创新，营造社会力量有序参与救灾的政策环境和活动空间，促进社会力量更好发挥作用。①

我国社会救援组织诞生时间较短，自身也需要进一步完善治理机制，强化组织自律，建立健全行业标准和行为准则，增强自我约束、自我管理、自我监督能力，以不断增强其作为非营利组织的社会责任意识，与政府职能部门、政府救援力量、相关企事业组织和社会公众等各类主体相互协调、密切配合，不断完善我国防灾减灾

---

① 民政部：《关于支持引导社会力量参与救灾工作的指导意见》，《中华人民共和国国务院公报》2016 年 2 月 29 日。

救灾体系。

二 社会救援组织有助于促进政府职能的转变

随着我国社会主义市场经济体制的不断完善，基于政府职能转变的需要，政府部门把一部分权力让渡给社会和企业，为包括社会救援组织在内的非营利组织提供了广阔的发展空间和丰富的资源。社会救援组织的发展也将有效地弥补政府的缺陷，对政府职能的进一步转变起到积极的作用。

近年来，随着我国经济社会快速发展，社会力量参与救灾的热情持续高涨，逐渐发展成长为救灾工作的一支重要力量，大量社会组织、社会工作者、志愿者、爱心企业等社会力量积极参与现场救援、款物捐赠、物资发放、心理抚慰、灾后恢复重建等工作，展现了社会力量组织灵活和服务多样的优势，发挥了重要作用，初步形成了政府主导、多方参与、协调联动、共同应对的救灾工作格局。社会救援组织的发展壮大和积极参与，对于减轻政府救灾压力和财政负担，促进政府职能的转变都起到了积极作用。社会救援组织的发展在加速政府职能转变，并在有效弥补缺陷的过程中，组织自身也得到发展和完善，更好地承担其社会责任。如表 4－1 所示，社会救援组织相对政府组织而言，在应急目标、中立性、工作地点、行政决策过程、资源调度和应急手段等方面都有自己的优势和特点。

表 4－1　　　　政府和社会救援组织在危机管理中作用比较

比较内容	政　　府	社会救援组织
应急目标	保障公民生命财产安全维护法纪维护社会秩序维护国家安全	保障受灾人群的基本权利
中立性	如果政府为其中的冲突一方，则政府参与应急管理不具备中立性	一般而言中立，并按实际需要提供援助
工作地点	管辖区域	一般比政府小得多，按本身网络、政策、资源等而定
行政决策过程	视中央和地方权责划分而定	在问责与效率之间取平衡，强调独立志愿人员的参与

续表

比较内容	政　　府	社会救援组织
资源调度	从政府财政支出	部分机构有储备资源可作周转，但一般也需要尽快筹集、募捐专项资金
应急手段	若为暴力性或特别重大的危机事件，政府可能动用军队、警察等暴力机器	人员派遣　物资援助 募集资金　心理援助

资料来源：作者参考有关资料绘制。

三　社会救援组织有利于推动社会治理体系和治理能力的现代化

党的十九大提出构建全民共建共治共享的社会治理格局。加强和创新社会治理，推进社会治理体系和治理能力现代化，其重心和难点均在基层。实现基层社会治理现代化是推进国家治理体系和治理能力现代化的应有之义和重中之重。社会救援组织扎根在基层社区，在构建社区防灾减灾体系和应急救援活动中发挥着日益重要的作用。社会救援组织的技术优势和组织特点可以弥补政府救援力量的局限性，在满足基层公众需求多样性和特殊领域应急救援中，具有不可替代的作用。因此，社会救援组织的这些特点有助于推动基层社会治理体系和治理能力现代化。

例如，浙江省公羊队的"24 小时公益急寻"项目实现了家庭、社会、政府的联动机制，寻找城市社区走失的失智老人，取得显著社会效益，仅仅 2016—2017 年让杭州 6 万多名失智老人受益，已经逐步覆盖浙江省并向全国各地推广。该项目建立了一套标准化的作业流程，从收到信息后派出队员和家属沟通，填写报警单，陪同家属报案，再到进行监控调看，路面寻找，协助家属与媒体沟通等等，让家庭、社会、政府间分工更为明确，信息流通更为通畅，形成良性互动。公羊队还通过社区主动与失智老人家属取得联系，并免费发放定位器。目前，公羊队计划与政府相关部门建立常态和规范的信息交流平台，成为基层社区安全管理网络的重要社会主体。

四 社会救援组织有利于倡导和塑造全民公益的社会风尚

社会救援组织的组织特点决定了它们在倡导和塑造良好社会风尚方面具有独特的优势。一是相对于政府组织，第三方的组织角色可以推动公共政策制定的公正性；二是整合民间社会资源，倡导社会改革运动，推动公益事业；三是推动民众参与，唤醒公民意识及塑造公民文化，促进社会整合等。

社会救援组织的救援事迹经媒体报道，在引起极大社会关注的同时，也将他们无私奉献、服务社会的理念和价值观传播给社会，起到了榜样和示范效应，在一定程度上增强了民族向心力和凝聚力。目前，全国各地一大批志愿服务组织、社区社会组织、公益慈善组织在防灾减灾宣传、灾民转移安置、被困人员搜救、救灾物资发放、灾后恢复重建中发挥着重要作用。在避灾安置点、敬老院、车站、学校都能见到众多志愿者的身影，他们扶困助残、敬老爱民，替社区群众解难，为基层政府分忧，传播社会正能量。因此，政府和社会各界对社会救援组织及其公益行为应该积极鼓励，大力倡导，不断汇聚和激发正能量，营造积极向上、团结互助和全民公益的社会氛围。

第三节 社会救援组织承担社会责任的机制优势

社会救援组织作为社会力量参与公共事务，凭借自身特有的优势，在国内外救灾活动中均有突出表现，为保卫人民群众生命财产安全，为社会的发展与进步作出了巨大贡献，具有重大发展意义，其机制优势主要集中在以下几个方面。

一 社会救援组织具有自主性、灵活性，反应迅速，效率高

社会救援组织具有结构简单、机动性强的优势，当组织所在地周围发生灾害事故时，可以迅速集结，赶往救援现场，在政府救援力量到达前开展前期救援。社会救援组织的参与不但有利于把握救灾时机，直接减少灾害损失，还能为政府救援力量提供灾害地区的具体情况，使其准确把握灾害现场情况，方便后续工作的开展。因此，社会救援组织作为国家应急体制框架下的补充，可以在灾害发生的第一时间获取受灾信息，拓宽信息采集渠道，开展专业的救援工作，争取救援时间，挽救更多人的生命。在外部救援力量到达后，他们还可以负责其他救援组织和人士的统一协调工作，作为向导引导开展大规模救援，实现积极、迅速、经济、有效的抗灾救援，最大限度地减少灾害损失。[1]

公羊队的组织机构精简，设总队长、参谋长、秘书长各一名，下设"六部五队"，各部门各司其职，相互配合，高效运作。同时，公羊队机制运作灵活，其所实行的战备值班机制，保证24小时皆有队员在基地职守，在得到救援信息的第一时间便能紧急召集队员、分发装备、并按批次前往受灾地进行救援，相比于经过层层请示才能出动救援，公羊队的机制很大程度上提高了救援的速度和效率。此外，公羊队队员一直秉承着"扶危助难，救急维安"的精神理念，公羊队的救援行动都是无偿的，而又有很多救援行动是极其困难和危险的，但公羊队的队员从未有过临阵脱逃的情况，组织成员积极性很强。合理的组织机构设置、灵活的制度以及队员们无私奉献的精神使得公羊队的组织治理机制能够灵活高效地运转，大大提高了救援的效率。

二　社会救援组织救援队员的职业背景对于救援活动具有独特优势

社会救援组织的救援队员主要由复转军人、企业的民兵预备役人员、医务人员、山地水上户外运动爱好者等各类具备相关专业知识和特长的人组成。他们对于在特殊地形开展的救援行动有着丰富的专业知识和实战经验，可以为救援活动提供许多建设性建议，若能发挥其积极作用，灾害处置的效果大大提升。

例如，浙江省公羊队拥有500多名经过严格挑选、培训考核并

---

[1]　孙东东：《建立民间救援组织机制》，《北京观察》2012年8月15日。

具有扎实救援知识及实战经验的志愿者。其中，可以直接奔赴灾害现场实施救援的有 80 多位救援队员，每位队员都有自身的专业优势，拥有丰富的专业技能。如直接参与救援行动的队员中就有退伍士兵、特种兵、户外运动爱好者等，这些队员皆具有过硬的身体素质和丰富的实战经验；负责医疗救援的队员本职工作是医生，有专业的救援知识；负责心理咨询的队员，也是专业的心理咨询师。此外，公羊队还具有特殊设备优势，公羊队的装备有应急救援专用车、冲锋艇、充气船、无人飞机、卫星电话、专业医疗帐篷（含配套设施）以及众多山地和水上的救援器材等。

三 社会救援组织贴近人民群众的日常生活，可以满足个性化的救灾需求

政府在实施救灾活动时，因资源限制，无法对灾民的个性化需求做出及时反应，社会救援组织的介入弥补了这一缺陷，让救灾活动更为人性化和针对性。它们扎根于基层社区，有针对性地开展面向普通群众需求的公益救援服务项目，急群众之所需，发挥一技之长和自身优势。这些特点和优势，受到社会公众的普遍欢迎和政府的大力支持。

例如，由浙江省公羊队面向社会发起的"24 小时公益急寻"项目，就是针对我国进入老龄化社会后失智老人走失的问题日趋严重，政府限于财力人力又无暇顾及，而推出了为意外走失老人提供的 24 小时公益慈善搜救服务。据调查，杭州有 6 万多失智老人，平均每天都有一两起失智老人走失的案件，仅西湖区一年就接到 70 余起。由于警力有限，失智老人的寻找困难重重。公羊队不仅出动救援人员寻找走失的失智老人，还会针对失智老人发放平安云定位器，安排志愿者安装及教授使用，依靠平安互动 APP，精准范围，实现线上线下全城搜寻。目前，该项目已经覆盖整个杭州市区，2016—2017 年计划让杭州 6 万多名失智老人受益，并逐步覆盖浙江省及全国各地。

第四节　社会救援组织可持续发展的外部环境

随着政府行政体制改革的进一步深化和政府职能的加速转变，政府越来越注重动员和鼓励社会力量参与公共服务建设。社会救援组织作为社会力量参与公共事务的突出代表，是政府施政的重点。近年来，各级政府重点为社会救援组织营造了以下三方面的发展环境。

一　政策环境

2010 年 9 月开始实行的《自然灾害救助条例》明确将社会救援组织视为灾害发生后的重要力量，使社会救援组织的救援行为有了制度保障。2015 年 8 月，民政部制定印发的《关于支持引导社会力量参与救灾工作的指导意见》（以下简称《意见》）指出，针对社会力量参与救灾的重要作用及暴露出的问题，政府将坚持"政府主导、协调配合；鼓励支持、引导规范；效率优先、就近就便；自愿参与、自助为主"的原则，落实完善政策体系、搭建服务平台、加大支持力度、强化信息导向、加强监督管理五项主要任务，进一步加强体制机制创新，营造社会力量有序参与救灾的政策环境和活动空间，促进社会力量更好地发挥作用。[①]《意见》同时要求把支持引导社会力量参与救灾纳入政府灾害治理体系和综合防灾减灾规划，将社会力量参与救灾作为本地自然灾害救助应急预案的重要内容；主动为志愿参与救灾工作的社会力量提供政策咨询等服务，为救灾志愿者服务登记提供便利；广泛宣传社会力量参与救灾工作的作用、意义、成效和典型事迹，表彰奖励并大力宣传救灾中优秀的社会组织和个人，营造社会力量参与救灾的良好氛围。[②] 这体现了政府部门对社会救援组织给予的极大关注和

---

① 民政部：《关于支持引导社会力量参与救灾工作的指导意见》，《中华人民共和国国务院公报》2016 年 2 月 29 日。

② 同上。

支持。

2016 年 12 月，为推动我国防灾减灾救灾体制机制的改革，加强防灾减灾救灾工作，国务院发布《关于推进防灾减灾救灾体制机制改革的意见》，要求从统筹灾害管理和统筹综合减灾两个方面着手健全统筹协调体制，由强化地方应急救灾主体责任，健全灾后恢复重建工作制度，完善军地协调联动制度三个具体方面健全属地管理体制。同时做好完善社会力量和市场参与机制的各项工作，加强组织领导，以全面提升综合减灾能力。

2016 年 12 月，浙江省民政厅出台《关于推进社会力量参与防灾减灾救灾工作的实施意见》。针对浙江社会力量参与防灾减灾救灾工作在落实培育、信息对称、沟通协调、活动展开等方面存在的问题，浙江省提出了加强社会力量培育，健全统筹协调机制，鼓励社会力量参与，完善监督管理制度四方面工作的要求，进一步促进浙江省防灾减灾救灾综合体系建设。

二 法律环境

截至目前，我国还没有出台专门针对社会救援组织的法律规范。不过，近年来各级政府对社会救援组织的管理越来越规范，相关法律规范也明确了社会救援组织的组织性质和社会地位。社会救援行业组织也制定了加强行业自律的组织公约。

2016 年 9 月，我国首部《中华人国共和国慈善法》正式实行，对慈善制度建设提供了基础性、综合性的规范，也为公益慈善事业发展提供了基本的规范依据。同时，随着政府职能转移与购买服务等行政体制改革进程的逐步推进，社会救援组织的法律地位日益明朗、注册程序渐趋简化，管理也更为规范系统，为其未来发展提供了有力支持。

2016 年 12 月，中国灾害防御协会在浙江省德清市召开社会组织救援峰会，发布了我国首个社会救援组织规范——《德清公约》。公约包括在法律范畴内、政府主导下开展工作，以抢救幸存者生命为主要目标，需掌握专业技术，遵循属地行动原则和能力优先原则等共九个方面，确立了社会救援组织会员定位及发展方向、规范救援行动，促进我国社会救援组织有序发展、提供行业示范。①

三　社会环境

公众认同度和支持程度是推动社会救援组织发展的关键环境因素，提高广大社会公众对公益组织的认识、了解、接受、赞誉和付诸行动对社会救援力量未来发展至关重要。近年来，政府对国民公益意识的培养工作越来越重视，在公益文化领域做了大量宣传教育工作，逐渐在国内树立起行善积德、捐助奉献、友爱互助的国民公益价值观。在这种公益价值观的引导下，新闻媒体加大了对社会救援组织的关注度，民众也对社会救援组织的工作更为配合，同时，越来越多的普通民众加入了社会救援组织，致力为国家防灾减灾活动尽一份力。

例如，浙江省公羊队得到的社会支持主要来自企业与媒体。在企业支持方面，公羊队的主要资金来源就是社会爱心企业家的捐助，他们不但为公羊队提供日常运行资金，还会提供用于高科技救援设备和公益服务装备研发的资金，是维系公羊队生存与发展的重要支撑。此外，国内一些保险公司近期也面向公羊队等社会救援组织发布了专门针对救援人员的救援保险，为救援人员的生命安全提供了更多的保障。在媒体支持方面，公羊队与杭州本地多家报社、电台、电视台有合作关系，这些媒体积极推动了公羊队开展日常公益活动，也帮助其进行形象宣传。

本章简要分析了我国社会救援组织的发展概况、机制优势和发展环境。首先，从发展规模、组织结构、社会关系和社会影响等方面介绍我国社会救援组织发展概况。其次，分析社会救援组织自身的比较优势，包括机制的灵活性、服务的个性化、对社会

---

① 《我国首个社会救援组织规范发布：助力灾害应急救援》，2016 年 12 月 13 日，新华网（http：//news. xinhuanet. com/2016 – 12/13/c＿ 1120111121. htm）。

风尚的积极引导等方面。最后，理清我国社会救援组织发展的宽松环境，主要体现在政策环境、法律环境和社会环境三个视角。本章的研究结论为研究社会救援组织的社会责任和网络化治理提供了现实基础。

第五章 社会救援组织治理面临的主要问题

在课题调研过程中，我们认识到我国的社会救援组织在快速成长的过程中也面临着亟待解决的困难与挑战。主要表现在组织运作资金短缺、专业化水平有待提高、政府支持力度有待加强和社会发展环境有待改善等几个方面。下面，根据实证调研数据资料，具体分析如下。

第一节 组织运作资金短缺

作为非营利机构，社会救援组织的资金来源十分有限。但同时，为了维持高救援水平，组织装备购置、队员培训的支出又非常巨大，这使得资金紧缺成了国内社会救援组织普遍存在的问题。

社会救援组织的资金来源主要有政府补贴、企业捐赠、内部集资和社会公众募捐四条途径。以浙江省公羊队为例，其资金的主要来源为公羊队基金会各企业家的捐赠，政府部门提供的资金支持主要是以装备的形式，而社会公众捐赠的资金则非常有限，一般在救灾时专款专用。在经费支出方面，社会救援组织要负担装备购置和维护的费用，队员技能培训的开销，以及针对社会需求，组织规模扩张与职能扩大的高昂开支。因此，大多数社会救援组织都有不小的资金缺口。公羊队也不例外，虽然经费能基本维持组织的日常开销，并为队员购置保险，但此外再无多余资金更新组织装备、扩大组织规模，也无法为救灾队员发放救灾补贴。为受伤队员发放医疗补贴，队员们常常要自己负担救援行动的额外费用。

由于前些年公众对"红十字博爱小站"① 项目的反感，以及现有法律对社会救援组织与企业合作没有清晰的规定，国内社会救援组织大多对与企业合作较为犹豫。在走访中，大多数公羊队队员也向我们表示"只想好好做救援，不想为了筹措资金让公羊队商业化"，这让社会救援组织的资金问题更为复杂、棘手。资金的不足限制了社会救援组织规模的扩大，阻碍了组织装备技术的提升，也无法保障救援队员的生命安全，长此以往势必对组织未来发展产生消极影响。因此，资金紧缺问题是公羊队以及国内其他社会救援组织要解决的紧迫问题。

据调查，公羊队的主要资金来源就是爱心企业家的捐助，他们不但为公羊队提供日常运行资金，还会提供他们用于高科技救援设备的研发资金，是维系公羊队发展的重要主体。此外，国内一些保险公司近期也面向公羊队等社会救援组织发布了专门针对救援人员的人身安全保险。2016 年公羊队资金来源及经费支出如表 5 - 1、表 5 - 2 所示。

表 5 - 1   2016 年公羊队资金来源

资金来源	自行筹备	政府援助	开展各类培训	企业和社会募捐	总额
额度（万元）	160	20	10	10	200
占比（%）	80	10	5	5	100

数据来源：浙江省公羊队官方网站。

表 5 - 2   2016 年公羊队经费支出

项　目	费用（万元）	占比（%）
装备购置、维护和升级	100	50
专项救援活动	50	25

---

① 红十字博爱小站是中国红十字会和某保险公司合作的公益项目，具体形式是企业出资建博爱小站，小站车体为企业做广告，"郭美美事件"后该项目被终止。

续表

项　目	费用（万元）	占比（%）
队员培训考核与对内对外安全教育培训	30	15
训练与演习	20	10
总　计	200	100

数据来源：浙江省公羊队官方网站。

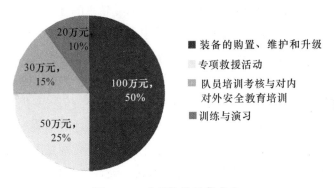

图 5 - 1　公羊队的经费支出

　　如图 5 - 2 所示，公羊队的组织运作资金主要靠以何军为首的爱心企业家自行筹款，根据内部人士提供的信息，每年资金总额在 200 万元上下浮动，其中，公羊会每年自行筹款金额多达 160 万元，政府援助（一般是装备、场地、政府购买等）折算成现金在 20 万元左右，开展各类培训筹集资金约 10 万元，社会捐助约 10 万

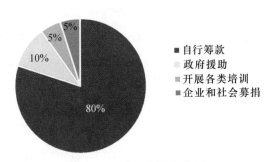

图 5 - 2　公羊队资金来源

元，按照目前的情况来看，公羊会自行筹集资金负担较重，现有资金收入仅够维持组织救援设备的维护保养、救援知识培训和演练等组织日常基本活动的开展。

第二节　专业化水平有待提高

公羊队是在江浙地区规模较大、知名度较高的社会救援组织，目前拥有 500 多名优秀的救援队员，其中大部分是兼职志愿者，只有公羊队秘书长、装备负责人、宣传负责人和队伍建设负责人四位全职人员，组织整体较为松散。兼职的属性导致其组织松散性程度较高以外，也致使其整体的专业化水平不高，除此之外，值得一提的是公羊队没有设置专门的财务和组织管理人员岗位。人才的招收与培训，岗位的职责分析与确立，对于组织专业化水平提升无疑是巨大缺失。

事实上，国内社会救援组织由于其公益性、无偿性的特点一直缺少精英人才的领导。同时，政府尚没有完善针对社会救援队员的工作协调渠道与优惠的政策，当救援行动与日常工作发生冲突时，救援队员大多得不到就职单位领导的批准，这严重阻碍了救援的可行性与活动积极性，间接导致了社会救援人力资源的流失。

人才不足，直接导致了组织管理规范性缺乏。虽然部分社会救援组织建立了一套管理制度和运行机制，并设立了组织章程规范，但在实际操作中，因缺少专业化人才，很少有组织能按照设立的章程制度运行。以公羊队为例，其以规章的方式约定了组织的构成、会员的加入方式、负责人的选拔等，并对主要领导的工作任务和责任做出了明确规定，但在实际工作中，组织的运行主要依赖于内部极少数核心人员的协调和联系。此外，各社会救援组织缺少统一权威性机构的管理与协助，具有间歇盲目性特点。公羊队前队员董翔告诉我们，社会救援中，救援队间虽然有互相协作帮助，但缺少系统无缝隙合作，缺少统一的指挥平台，尤其是在社会救援事业发展初步阶段。在实际救援中，常有社会救援组织因听信错误信息到达错误地点而耽误救援，或众多救援组织扎堆在同一个救援点的情况出现，造成了救援时机的延误和救援资源的浪费。

如何保障社会救援组织成员的权益，增加组织对优秀人才的吸引力，充实组织人才；如何完善组织人才招募、测评选拔、任用培训、日常奖惩等程序，使组织内部运行机制更具科学性和专业性是社会救援组织未来发展亟待解决的问题。

第三节 政府支持力度有待加强

社会救援组织的健康发展离不开制度保障机制的支持，当前由于社会力量参与救灾工作的政策法规、协调机制、服务平台尚不健全，其发展面临众多问题，迫切需要进一步加强制度保障机制的创新与完善，营造社会力量有序参与救灾的政策环境和活动空间，推进社会救援组织更好地发展。

在政策支持方面，虽然国家在法律上已有《关于加强基层应急队伍建设的意见》及《自然灾害救助条例》作为政策支持，但全国范围内各地落实程度不一。目前浙江省经济走在全国前列，民营经济发达，有爱心有实力的企业家较多，所以社会救援力量比较发达，也因起步早等特殊原因，落实较为完善。政策落实不到位导致"名不正、行不顺"，不少社会救援组织陷入救援受阻的尴尬境地。由于没有统一的政府认可准入证明，社会救援组织有时难以进入核心区域救灾，这无疑限制了社会救援资源力量的发挥。此外，我们在走访浙江省民政厅过程中了解到，虽然我国政府对社会救援组织有发布及时的优惠政策，也会对其发展给予指导意见，并鼓励其规模和职能范围的扩大，但相较于发达国家和社会救援组织自身的期望仍差距悬殊。公羊队救援队长郑丹曾提到，希望政府在救援直升机飞行审批提供便利，公羊队救援直升机起飞需要经过相关部门的层层审批，常常早上申请，第二天还未能起飞。公羊队配备有专业的救援犬支队，但杭州市区无法驯养大型犬，公羊队只能在郊区养犬，造成了人犬分离，无法协同训练的情况。因此，政府应在犬类驯养方面出台相关特殊政策，为社会救援组织开辟"绿色通道"，以提高培训与救援活动的效率。在资金支持方面，我们在江干区民政局了解到，他们对辖区内各公益组织的拨款逐年上升，去年达到了 300 多万元，但公益组织数量较多，每个组织实际分配到的资金十分有限。我们在公羊队了解到，政府的资金支持主要集中在救援装备和器材的提供上。在其他国家和地区，政府会为社会救援组织提供各种形式的资金支持。美国已将社会救援组织纳入政府应急救援体系，不但为其提供工作场所和训练场地，还全权负担队员培训、考核的费用，并介入协调兼职队员与就职单位之间的关系，促进组织的平稳运行与发展。

我国的社会救援组织发展迅速，但却游离于政府应急救援管理体系之外，各级政府部门与本地区的社会救援组织间缺乏有效的协调机制，因此完善制度保障机制是当前需要迫切完成的任务。

第四节　社会发展环境有待改善

近年来，社会救援组织发挥的积极作用日益彰显，组织数量日渐增多，但半途夭折的也不在少数。有调查显示，能生存两年以上的社会公益组织，不足 30%，社会救援组织的生存状态也大体相同。这与社会救援组织较低的社会知名度和信任度低有着直接关系。

公羊队是杭州本土成长的社会救援组织，秉"公"益之心，行"羊"之善，"会"天下益士，自成立以来稳步发展，逐渐成熟，成为浙江乃至中国重要的社会救援队伍。其救援电话向普通市民 24 小时开放，有城市应急救援，城市失智老人走失寻找等职能，十分贴近市民的日常生活，在杭州尤其是其所在社区具有较为活跃的表现，但在我们的调查中发现，杭州市民对国内各社会救援组织的了解如图 5 - 3 所示。

由此可见，全国各大社会救援组织知名度普遍不高。其中，蓝天救援队知名度最高，但听说过的受访者也不到 40%，而了解杭州本土社会救援组织——公羊队的受访者仅占 21.41%，且有

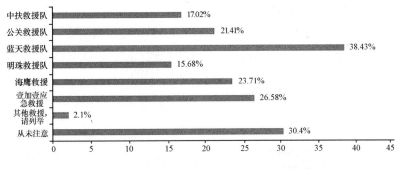

图 5 - 3　对国内各社会救援组织了解情况条形图

30.4% 受访者从未注意过社会救援组织（问卷分析报告见附录 2）。此外，不同行业受访者对公羊队的了解程度如表 5 - 3 所示。

表 5 - 3　　　　　行业与对公羊队的了解程度（交叉制表）

受访者所属单位	对公羊队的了解程度				合计
	非常了解	一般了解	只是听说过	完全不了解	
个体工商	1	4	14	30	49
企业	12	43	28	61	144
事业	4	24	24	22	74
党政机关	4	14	7	4	29
街道社区	1	4	4	6	15
学校	5	17	35	124	181
其他从业或待业人员	1	2	8	20	31
合计	28	108	120	267	523

　　由 SPSS 统计软件交叉分析得知，受访者对公羊队的了解程度与其所处的行业有关，党政机关、事业单位的人员对社会救援组织较为了解，而个体工商和学生对其了解较少。

　　社会平台尚未为其营造良好的发展环境。媒体、企业、高校和广大民众是社会力量的主体。在媒体方面，虽然在救援现场会有一些媒体主动对社会救援队员进行采访，并要求与社会救援组织一同进入灾区，但媒体现阶段对社会救援组织的关注度依然处于较低水平，未能有效地宣传公益文化，引导舆论关注社会公益，加深民众对社会救援组织的了解并增加信任度。

在"清博—舆情"大数据分析软件中输入检测词"公羊会公益救援促进会",得到公羊队媒体活跃图及公羊队公众号文章阅读数总和,如图 5-4、图 5-5 所示。

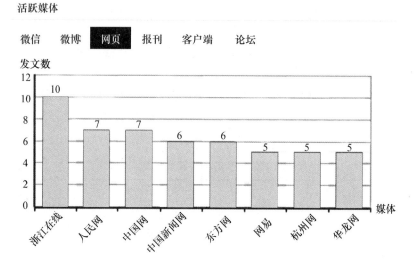

图 5-4   2016 年"清博—舆情"大数据软件媒体活跃生成图

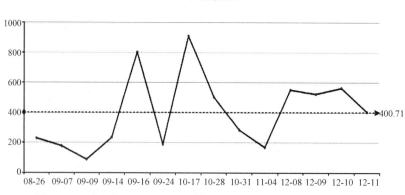

图 5-5   2016 年 8—12 月"清博—舆情"软件得出公羊队公众号阅读数统计图

2016 年公羊队在浙江在线的被报道次数最多，为 10 次，而在人民网、中国新闻网等其他新闻网站的报道次数维持在 6 次左右。近四个月以来，公羊队公众号发表文章的平均阅读数在 400 次左右，最多未超过 1000 次。软件分析结果说明公羊队虽然与新闻媒体、大众有一定联系，但在主流媒体的曝光度还不够，公众号的受关注度也较低，网络影响力较为有限。调研过程中，公羊队队员也曾向我们反映，公羊队公众号主要是面向内部救援队员，受公众关注度较小。

社会救援组织的社会知名度对于其善款的筹集、救援活动的有效开展有着紧密的联系，如何扩大组织的影响力与如何提升组织自身的信任度，争取得到更多社会公众的认同和关注是组织当前不可忽视的难题。

综上，虽然社会救援组织在社会生活中的地位越来越重要，贡献也越来越大，但其知名度却一直处于较低的状态，社会民众接触的社会救援组织相关信息屈指可数。故社会救援组织社会知名度有很大的提升空间，寻找合适的方法提升社会救援组织知名度，展示其取得的成绩，以提高社会信任度的工作刻不容缓。

在企业方面，目前主动承担社会责任，尝试资助、扶持社会救援组织的企业较少，建立定向捐助的更是屈指可数。在高校方面，高校作为青年人才的培育基地，尚未与社会救援组织建立长期、广泛与安全演练相关的互惠合作关系，这使得社会救援组织在青年群体中提高知名度的展示不到位。而就公众而言，大多数民众都对社会救援组织不甚了解，存在对社会救援组织一无所知的情况。

良好的社会环境为社会救援组织生存与发展提供了土壤，直接关系到社会救援组织的能力与贡献水平，因此应进一步提高媒体、高校、企业、公众等社会主体对社会救援组织的关注度，加强社会支持力量。

本章主要分析了目前我国社会救援组织参与防灾减灾救灾过程

中存在的主要机制问题。这些问题主要表现组织运作资金短缺、专业化水平有待提高、政府支持力度有待加强和社会发展环境有待改善等几个方面。明确了存在的问题，可以为完善社会救援组织的网络化治理机制提供现实依据。

第六章　社会救援组织治理机制的理论分析

如何界定社会救援组织参与机制的概念范畴和理论框架？既要基于社会救援组织的实践调查与总结，也要有充分而可信的理论基础。本章拟以蓝天救援队和浙江省公羊队为典型案例，运用社会网络和扎根理论分析方法，分析社会救援组织治理机制的理论框架。

第一节　研究方法设计

一　研究方法选择

针对研究问题和研究对象的特点，本章选择了双案例定性访谈、网络数据分析和扎根理论分析作为理论研究方法。原因有四个方面。

一是已有社会组织理论演绎出的理论假设解释力显现不足。目前大多数文献是运用科层制理论，分析政府主导型救援体制的缺陷与不足，通过比较分析而揭示社会救援组织参与机制的优势。这种研究方法具有间接性，缺乏对社会救援组织自身机制的深入分析。因此，本研究希望从一手访谈的质性材料中归纳和提炼社会救援组织参与机制的内在逻辑，揭示中国社会救援组织成长和演化的影响因素，而不是简单从已有的社会组织理论中演绎可验证性的假设。

二是基于网上数据检索的社会网络分析，成本低而且效率高。其一，运用 ROST 内容挖掘软件，选择相关关键词分析社会救援组织在社会组织网络中的地位及其与其他组织的关系；其二，运用

"清博—舆情"大数据分析软件,输入检测词"公羊会公益救援促进会",得到选定时间区间公羊队的媒体活跃图和公羊队公众号的文章阅读数,以此分析浙江省公羊队在网上的公众关注度和知名度。

三是定量研究也无法完整揭示社会救援组织的成长轨迹和救援活动规律。突发事件具有不确定性、偶然性。风险预警和应急救援都是一个较为复杂的过程。参与的多主体,也使得社会救援组织的活动规律很难定量化,造成相关定量数据收集困难。在既有的研究中,定量研究主要停留在封闭性调查数据的统计性描述和相关性验证,但是始终难以对于相关要素之间的因果性进行判断,更加难以具体阐释社会救援组织参与机制的基本规律。与定量研究比较,扎根理论可以更好地揭示救援过程中社会救援组织行为的内在机理,以及制度环境中与其他参与主体的内在联系,可以更好地丰富已有研究的视角。

四是拟采用两个案例比较分析的方法以增强研究的信度和效度。以前单案例研究的弊端,表现在各个社会救援组织及其社会环境的差异性大,造成案例研究的代表性和全面性尚显不足。本研究采用双案例比较分析,主要运用扎根理论分析方法,采取 CQR 共识性编码方法,基于网络化治理理论构建社会救援组织参与机制的概念模型。

二 研究案例选取

本书选取中国两个典型的社会救援组织——蓝天救援队和公羊队为研究对象。

"蓝天救援队"中文名是蓝天救援,英文全称 Blue Sky Rescue(简称 BSR),成立于 2007 年。目前,BSR 已在全国 31 个省市自治区成立品牌授权的救援队,全国登记在册的志愿者超过 30000 名,其组织规模在全国首屈一指。BSR 的组织结构比较规范,总部与全国各地分队的关系是直属管理关系,执行其各项管理制度,坚守发展理念。2015 年,BSR 成立了标准化小组,大力推进民间救援领域的标准化建设，这在全国社会救援组织中尚属首次。

公羊队全称是"浙江省公羊会公益救援促进会"，英文全称Rescue Team of Ramunion（简称 RTR），创建于 2008 年 5 月，是社会公益组织公羊会设立的一支最早被纳入杭州市人民政府应急办城市应急救援体系中的社会救援队伍。专门开展户外山林山难应急救援、突发性城市应急救援、国家次生灾害抗险救援，以及城市失智老人搜寻救助等公益救援行动。目前，公羊队除拥有 500 多名经过严格挑选、培训考核，具有扎实救援知识及实战经验的志愿者。公羊队注重组织建设，逐步形成了专业、规范、高效的组织治理机制。特别值得肯定的是"行羊之善"的公羊精神，以及会长何军为代表的一批爱心企业家的大力倡导示范，是公羊队不断发展壮大的精神支柱。

三　调查方式与资料来源

本书调查方式采取面对面访谈、电话访谈、资料文本收集检索和线上开放式问卷调查相结合。自 2016 年 6 月以来，课题组先后走访了公羊会会长何军、浙江省公羊队队长徐立军，电话采访蓝天救援队浙江与江西区域负责人杨先生等人。发放线上开放式问卷300 多份，收集案例相关原始文字材料数十篇计 2 万多字，视频与图片资料十多份。然后，采用 NVIVO 10 软件对其中 250 份访谈文本和开放式问卷的答案进行整理编码（预留 50 份问卷及相关文档，进行二次编码用以进行理论饱和度检验）。

本书的原始数据资料主要包括，全面考察我国社会救援组织参与防灾救灾的实践活动。聚焦我国两个典型社会救援组织蓝天救援队和浙江公羊会，主要对社会救援组织、民政部门、社会志愿者和社会公众及其相关典型企业和行业组织进行探索性的、半结构化的深入访谈，取得翔实可信的原始数据资料。

同时，运用问卷调查方法揭示社会救援组织的公众认可度和社会影响力。运用 SPSS 统计软件对问卷调查的结果进行统计分析，分析社会救援组织参与机制的影响因素。基于 ROST 内容挖掘软件和"清博—舆情"大数据分析软件对社会救援组织的社会网络结构和社会知名度进行统计分析，为研究结论提供辅助实证支撑。

第二节　基于 ROST 软件的社会网络分析

本书基于 ROST 内容挖掘软件进一步验证社会救援组织的治理网络结构。选择"社会应急救援"为关键词，以 2010 年 11 月—2016 年 11 月为文本收集的时间段，在"新浪新闻""凤凰网""百度新闻"等新闻网站进行文本的收集与筛选，共得到 72 篇有效文本。将"社会应急救援"文本文件导入 ROST 软件，通过软件的分词功能和关键词语频率分析两个模块，过滤与国内社会应急救援活动无关的词语，最终选取频率最高的社会、政府、志愿者、社会、专业、公益、灾害等 42 个关键词作为高频特征词，如图 6 - 1 所示。然后通过社会网络分析模块构建矩阵，如图 6 - 2 所示。

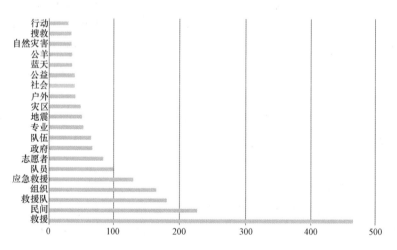

图 6 - 1　样本高频特征词及词频表

分析发现，高频特征词汇主要集中于政府、志愿、专业、救援队、管理、自然灾害、社会、协调和组织等。其中，政府、社会、专业、志愿、救援队出现频率最高，其次是自然灾害、协调和中心

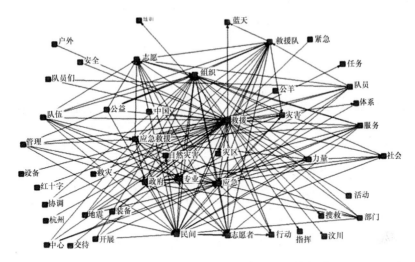

图6-2 社会应急救援文本社会语义网络矩阵

等关键词。由此可见，分析社会救援组织的参与机制应该考虑以下因素。首先，政府作为社会应急救援力量的管理主体和指导力量，和其联系频繁，关系较为密切；其次，社会救援组织发展的社会环境，其组织志愿公益的性质以及组织间的协调关系也是舆论集中的关注点；最后，社会救援组织的专业性与应急救援的能力和效果息息相关，显示出公众对社会力量参与救援专业程度的质疑与关注。

第三节 蓝天救援队和公羊队治理机制的扎根理论分析

一 开放式编码

开放式编码是对原始资料逐字逐句地进行分析，并通过选取原始语句或根据对文字内容的理解进行归纳，挖掘初始范畴。在NVI-VO 10软件中，被编码的文本内容被称作"参考点"，编码的概念被称作"自由节点"。我们把调查采访资料整理汇总为社会救援组织的组建方式、获取灾害信息的渠道、安全保障措施、组织救援能力、政府支持和公众社会支持等六个方面的问题。下面分别列举蓝天救援队和公羊队的部分开放式编码，如表 6 – 1 和表 6 – 2 所示。

表 6 – 1 　　　　　　　　蓝天救援队开放性编码

答案分析	开放性译码	
	概念化 a	范畴化 A
1. 蓝天救援队主要通过怎么样的方式来招募队员？		
来自社会自愿加入经过培训考核，有社会责任心，有爱心，有团队协作精神	a11 自愿加入	A11 组织队员来源
精神、事迹感染身边的人，吸引大家想加入到这个团结，有纪律的团队	a12 组织影响力	
社会各界人士自发参与	a13 自发参与	
朋友介绍，朋友圈	a14 自媒体	A12 亲友介绍与影响
亲友相互介绍	a15 亲友介绍	
公开招募，通过招募令	a16 招募令	A13 网络媒体主动招募
官方微博，网络平台	a17 网络	
媒体宣传，身边有影响力的人	a18 宣传	
2. 你们获取灾害信息的渠道主要有哪些？		
通过网络发布相关信息	a21 网络	A21 社会媒体
媒体发布	a22 媒体	
各大新闻	a23 新闻	
蓝天救援队平台	a24 平台发布	A22 专门渠道
政府通告	a25 政府联动	
路人转接求助	a26 电话转接求助	A23 紧急电话
电话求助	a27 电话直接求助	
3. 目前蓝天救援队自身和社会给予队员的人身安全保障措施有哪些？		
个人购买保险	a31 保险	A31 个人保障
个人装备保障	a32 装备	
个人技术提升	a33 技术	
团队配置安全设备	a34 安全设备	A32 团队保障
团队保险购买	a35 保险	
制度上进行规范	a36 制度规范	
开展技术培训	a37 技术培训	

续表

答案分析	开放性译码	
	概念化 a	范畴化 A
4. 根据您的经验，相较政府的救援，社会救援组织在哪些方面应该有所提高？		
装备，设备，技术	a41 专业技能	A41 专业硬件设施
办公场地，训练场地	a42 场地	
提高救援人员的综合素质	a43 综合素质	A42 人员素质
个人认识、积极性和社会责任感	a44 个人品质	
专业度、人员素质	a45 专业素质	
组织规范性	a46 组织管理规范	A43 组织行为
纪律性、连续性以及后勤保障	a47 活动组织规范	
社会群众认可度	a48 群众认可	A44 各界支持
政府力量支持，社会力量的支持	a49 政府认可	
5. 您认为政府应该给予社会救援组织哪些方面的支持？		
专业的办公场所，宣传平台	a51 资金与宣传	A51 资金援助
专业救援设备	a52 资金与设备	
专业训练平台	a53 资金与救援技术	
宣传推广，普及信任度	a54 宣传推广	A52 信息
资源共享，无论是信息交通等	a55 信息共享	
少说多做，默默奉献	a56 奉献精神	A53 精神支持
保护与支持，正能量报到	a57 正能量	
6. 您认为社会和公众应该给予社会救援组织哪些方面的理解和帮助？		
多一点理解	a61 理解	A61 信任
多一点支持	a61 支持	
要始终相信他们	a63 相信	
在他们需要帮助时，给予救援	a64 救援	A62 资助
适时提供资金帮助	a65 资金	
加强宣传力度	a66 宣传	A63 协作
参与到社会救援组织中去，同成员互动	a67 交流	

表6-2 公羊队开放性编码

答案分析	开放性译码	
	概念化 a	范畴化 A
1. 公羊队主要通过怎么样的方式来招募队员？		
自己主动了解后加入	a11 自愿加入	
通过公羊队的媒体报道了解，自己报名加入	a12 媒体报道	
救援过程中要求加入	a13 自发参与	A11 大众自发报名
公羊队的社会影响力大，主动报名加入	a14 社会影响力	
了解到公羊队的志愿活动进而加入	a15 主动加入	
看到公羊队的网上宣传后报名加入	a16 网络宣传	
队员介绍	a17 内部人员介绍	A12 他人介绍
队长介绍		
朋友介绍	a18 亲友介绍	
看到公羊队的网络招募信息后加入	a19 招募信息	A13 组织招募与培训
接受公羊队的培训后加入	a20 接受培训	
2. 你们获取灾害信息的渠道主要有哪些？		
媒体新闻报道	a21 媒体报道	A21 社会及媒体
网络信息发布	a22 网络信息	
政府应急平台发布	a23 政府发布	A22 联动部门
政府部门通知	a24 政府通知	
派出所提供信息	a25 派出所	
蓝天应急救援指挥中心提供信息	a26 指挥中心	A23 系统内部
总部通知	a27 总部通知	
上级通知	a28 上级通知	
救援群消息	a29 政府联动	
现场志愿者告知	a210 现场告知	
队员搜集信息	a211 队员搜集	
微信朋友圈	a212 微信	
圈内人士消息	a213 内部消息	
地方求助	a214 地方求助	A24 求助信息
群众自己打电话求助	a215 个人求助	

续表

答案分析	开放性译码	
	概念化 a	范畴化 A

3. 目前公羊队自身和社会给予队员的人身安全保障措施有哪些?

答案分析	概念化 a	范畴化 A
自身安全放第一	a31 安全意识	A31 个人保障
个人要有应变能力	a32 应变能力	
提高救援熟练程度	a33 熟练度	
增强处理突发事件的能力	a34 应变能力	
学习救援技能	a35 救援技能	
平时加强与队员的磨合	a36 队员配合	
平时勤学练,战时保平安	a37 平日演练	
多观察,平时多练习	a38 平日积累	
做好安全措施	a39 安全措施	A32 团队保障
防护设备要到位	a310 防护设备	
平时的安全培训	a311 安全培训	
购买意外险	a312 保险	A33 保险保障
购买专业救援险		
保险公司支持		

4. 根据您的经验,相较政府的救援,社会救援组织在哪些方面应该有所提高?

答案分析	概念化 a	范畴化 A
组织纪律性,统一协调性	a41 组织纪律	A41 组织治理
运作的规范性	a42 科学运作	
科学管理	a43 管理水平	
组织管理能力		
管理和奖励		
管理制度		
人员稳定性	a44 人员管理	A42 人员管理
人员流动性		

续表

答案分析	开放性译码	
	概念化 a	范畴化 A
人员技能专业性	a45 专业技能	A43 专业素质
队员的培训	a46 技能培训	
专业，技术，知识水平	a47 技能水平	
专业技能有待提高		
设备的专业性	a48 设备	A44 专业硬件设施
装备培训技术	a49 装备	
救援装备		
救援工具	a410 工具	
资金	a411 资金	A45 资金援助
报销	a412 报销	
资金技能装备	a413 设备	
工作效率方面有待提高	a414 工作效率	A46 团队建设
救援人员之间需要积极配合	a415 队员配合	

5. 您认为政府应该给予社会救援组织哪些方面的支持？

答案分析	开放性译码	
计入市里的志愿者服务时长	a51 志愿时数	A51 个人认可
给予队员荣誉表彰	a52 荣誉表彰	
救援装备	a53 装备	A52 专业硬件设施
培训、装备和技术	a54 装备技术	
专业设备	a55 设备	
救援经费	a56 经费	A53 资金支持
资金来源	a57 资金	
物资	a58 物资	
政策优惠	a59 政策	A54 政策保障
建立队员的自身安全保障体系	a510 安全保障	
给队员买保险	a511 保险	
资源共享，无论是信息还是交通	a512 信息共享	A55 信息共享
信息的流通	a513 信息流通	

续表

答案分析	开放性译码	
	概念化 a	范畴化 A
6. 您认为社会和公众应该给予社会救援组织哪些方面的理解和帮助？		
人道主义	a61 理解	A61 尊重理解
客观的认识，不是一味赞扬或批评		
社会组织不是万能的，不是随叫随到的		
不让公众有认为作秀的嫌疑		
理解和尊重救援人员	a62 理解尊重	
理解，不误解，不造谣	a63 相信理解	
队员家属的支持	a64 亲人支持	A62 认可鼓励支持
肯定、认可救援人员的工作	a65 认可工作	
精神上的鼓励	a66 精神鼓励	
把队员的救援时间计入志愿时数	a67 计入时数	
希望更多人参与进来	a68 大家参与	A63 参与配合
积极主动配合救援工作	a69 主动配合	
提供信息，主动求助		
加强群众的参与监督	a610 参与监督	
宣传提高参加人员的积极性	a612 宣传参加	A64 加强宣传
宣传学习救援知识	a613 宣传学习	
加强宣传报道	a614 加强宣传	

二　主轴译码

主轴译码是对自由节点进一步归纳和总结，分析不同范畴之间的关系，发现潜藏的逻辑关系，确定若干主范畴，以及与之对应的副范畴。本文通过运用"因果条件→现象→脉络→中介条件→行动策略→结果"这一典范模型，将开放性译码中得出的各项范畴联结在一起。典范模型是扎根理论方法的一个重要分析工具，用以将范畴联系起来，并进一步挖掘范畴的含义。根据主轴译码的结果，本书发现蓝天救援队和公羊队参与机制的发展演变轨迹可以归纳为四个共同的范畴类别，即组织治理机制、沟通协调机制、制度保障机制和社会支持机制。同时，在具体的"自由节点"上存在各自的特点。表6-3和表6-4是本书分别得到两个案例四个主范畴的典范模型。

表6-3   蓝天救援队主范畴典范模型

维度指标\主范畴	因果条件	脉络	行动策略	现象	中介条件	结果
组织治理机制	组织素质和能力	成员加入、组织治理	招募、自发加入、宣传、技术培训	个人素质、综合素质	网络、媒体、亲友、政府	组织影响力
沟通协调机制	获取灾害信息	社会及媒体、政府通知	关注媒体、政府联动、信息平台	信息渠道	媒体，政府，紧急电话	信息共享
制度保障机制	个人和组织的保障水平	组织建设、组织发展	购买保险、资金支持、安全设备、技术培训、精神鼓励	资金援助、信息分享、精神支持	政府、媒体、团队建设	制度规范
社会支持机制	群众认可	理解、支持	宣传推广、交流、资助	救援	信息、资金	信任、协作

表6-4   公羊队主范畴典范模型

维度指标\主范畴	因果条件	脉络	行动策略	现象	中介条件	结果
组织治理机制	组织治理水平	规范管理，制度化，组织协调	经验借鉴，人员招募，培训管理，规范流程，团队建设	人员素质，资金设备管理，组织规范	政府指导，行业治理	科学管理，运作规范
沟通协调机制	沟通协调能力	互动联络，获取信息	媒体报道，联动行动，上级通知，求助信息	信息滞后，沟通不畅	社会及媒体，联动部门，系统内部，受灾主体	信息准确、迅速

续表

维度指标 主范畴	因果条件	脉络	行动策略	现象	中介条件	结果
制度 保障机制	完善保障机制	政府支持，组织协调	队员培训，购买保险，物质支持，政策保障，信息共享	队员素质，安全，设备，资金，政策，信息	政府，政策，资金，保险	全面保障
社会 支持机制	提高社会认可与支持	加强宣传，提高认可度	媒体宣传，主动配合，接受监督	群众误解，主观认识	群众相信理解，亲人支持，媒体宣传	尊重理解，认可鼓励支持

三 选择性编码

选择性编码指基于对主范畴的分析，确定核心范畴，并结合所有范畴间的关系，对所研究的现象进行描绘，构建理论框架。在经过开放编码、主轴译码及相关分析后，本研究通过对原始文本、概念、范畴的分析，确认各节点之间的逻辑关系，并通过 NVIVO 10 软件将具有关系的节点连接起来，得出社会救援组织参与机制的演化模型如图 6-3 所示。下面通过蓝天救援队和公羊队两个案例的

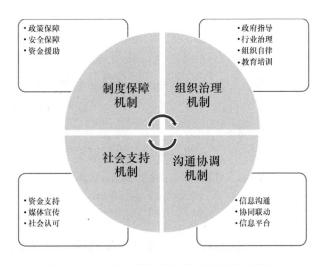

图 6-3 社会救援组织参与机制的演化模型

比较，对汶川地震以来中国社会救援组织参与机制的演化与现状加以具体分析。

（一）组织治理机制

组织治理主范畴由"政府指导""行业治理""组织自律"和"教育培训"等范畴构成，建立在社会救援组织招募方式和组织管理水平相关的开放式编码基础上。本范畴说明了社会救援组织目前的组织运行状况和演变进程，分析原始资料可以明确社会救援组织治理的方向和着力点。

研究发现，蓝天救援队自成立以来，随着组织规模不断壮大，团队社会影响力能够吸引到许多社会优秀人士参与到救援队伍中，组织治理水平和救援能力持续增强。同时，组织的快速发展也给治理带来一定的困难，需要从提升人员素质、软硬件升级、规范组织行为等三方面，进一步完善组织治理机制。相对而言，公羊队组织规模较小，队员的加入和退出较为随意，日常行为规范主要依靠队员自觉，组织的运行主要依靠组织核心人员协调和联系。调查发现，公羊队的大部分成员是兼职志愿者，只有秘书长、装备负责人、宣传负责人和队伍建设负责人四位全职人员。组织缺少专业管理人员的管理，整体较为松散，这在国内社会救援组织中是十分普遍的情况。这说明，中国社会救灾组织目前还处于发展的初级阶段，行业规范不明晰，自我约束力较差，需要政府职能部门、救灾行业协会进一步明确职能范围，做好社会救援组织的指导、协调、行业服务工作，构建完善的社会救援组织行业治理机制。社会救援组织自身也需要完善自律机制，规范管理，不断提高专业化水平。

（二）沟通协调机制

沟通协调主范畴由"信息沟通""协同联动"和"信息平台"等范畴构成，主要通过对反映社会救援组织获取灾害信息的方式进行开放式编码而来。本范畴反映了社会救援组织与其他相关社会主体的关系。

研究结果表明，蓝天救援队接受灾害信息的来源主要有社会媒体、专门渠道和紧急电话。经过多年发展，沟通应急机制较为完善，能够及时接收处理灾害信息。而且，与政府职能部门及官方救援力量之间构建了协同联动机制，这也是蓝天救援队的独特优势。公羊队和政府管理部门之间的合作目前还处于"应急反应"阶段。当灾害爆发时，政府会紧急与公羊队取得联系，传达灾害信息，公羊队迅速响应。但是，政府部门与公羊队双方缺乏常态化和制度化的沟通协作。另外，公羊队与其他社会救援组织虽然可以通过微信群交流灾害信息、救援经验、装备维护等，但也尚未建立正式规范、信息畅通的信息交流平台。

（三）制度保障机制

制度保障主范畴由"政策保障""安全保障"和"资金援助"等范畴构成，基于社会救援组织的安全保障和政府支持两方面原始资料的编码与分析。从中可以反映出社会救援组织发展壮大过程中安全保障和政策环境的现状和不足之处，揭示政府在社会救援组织治理网络中的职能和作用。

分析发现，蓝天救援队和公羊队的制度保障机制有以下共同特点：安全保障目前主要依靠社会救援组织和救援队员自我保障，国家的支持政策和保险公司的险种设置涉及社会救援组织较少。政府部门对社会救援组织的政策保障工作依然存在有待改进的问题，比如优惠政策落实不到位，部分政策指向不明确、实施困难，政府购买项目涉及社会救援领域较少，资金扶持力度不够等，相较于西方发达国家仍有一定差距。例如，以公羊队为例，其资金主要来源为公羊会公益基金会爱心企业家的捐赠，政府部门提供的资金支持主要是以装备的形式。调查发现，目前国内社会救援组织的资金来源主要有政府补贴、企业捐赠、内部集资和社会公众募捐四条途径，通过商业运作筹集资金比较少见。

（四）社会支持机制

社会支持主范畴由"资金支持""媒体宣传"和"社会认可"三个范畴构成，建立在公众与社会对社会救援组织的理解和帮助的原始资料编码与分析基础上。本主范畴展示了社会救援参与机制的社会支撑条件，研究结论可以明确优化社会救援组织发展的社会环境的目标与方向。

在这一点上，蓝天救援队与公羊队也具有共同特点。来自社会的一个主要支持就是他们的资金主要来源就是社会上民营企业家的捐助，他们不但为社会救援组织提供日常运行资金，还提供用于高科技救援设备的研发资金，是维系社会救援组织发展的重要主体。在媒体支持方面，公羊队与杭州多家报社、电台、电视台有合作关系，媒体积极助力公羊队开展日常公益活动和组织形象宣传。另一方面，虽然社会救援组织在社会生活中的地位越来越重要，贡献也越来越大，但是由于其自身对宣传推广工作不够重视，社会也未为其提供信息发布的有效渠道，社会救援组织的知名度一直处于较低的状态，社会与公众对社会救援组织的理解和信任程度还有待进一步提高。

四 效度和理论饱和度检验

（一）效度检验

本书的效度检验采用了两种方法：第三人核查法和参与者检验法。

第三人核查法是请相关领域的研究专家对于编码概念和编码内容的符合性进行核查和检验。本研究邀请了相关领域专家作为核查人，专家对相关编码概念和编码内容进行了系统性核查，认为本研究的概念编码和关系编码符合访谈文本的内容，效度较高，可以通过检验。

参与者检验法是将访谈文本寄送给接受访谈对象，请他们评定访谈的内容能否反映他们当时的想法和理解，并介绍接受访谈的动机以及对这一研究的看法。本文将扎根理论分析得出研究结论和社会救援组织参与机制的演化模型分别回访了蓝天救援队和公羊队的六名访谈对象，访谈对象对此基本表示认可，部分访谈对象也对个别概念提出了自己的建议，本研究在综合考虑之后进行了调整和采纳。

以下为部分受访者对研究内容的反馈的示例。蓝天救援队队员甲的反馈："文本除了个别语句出入之外，与我们当时谈话基本相符。一些提出的概念和整个故事的逻辑我认为是正确的。"公羊队队员乙的反馈："这个社会救援组织参与机制的演化模型基本表达了我在灾害救援工作中的亲身体会和经验，相关概念我也同意。"

（二）理论饱和度检验

作为决定何时停止采样的鉴定标准，理论饱和度检验是指不可以获取额外数据，以使分析者进一步发展某一个范畴之特征的时刻。为了检验理论饱和度，我们对预留的 50 份访谈记录和问卷进行了编码和分析。完成预留文档的开放编码后，发现没有形成新的重要范畴或关系。因此，可以认为本书得出的研究结论和理论模型是饱和的。

第四节　分析结论与政策建议

根据以上对蓝天救援队和公羊队十年来参与机制特征、优势及其演变的分析，可以从以下四个方面提出完善社会救援组织参与机制的对策建议。

一　完善社会救援组织治理的制度框架

制度决定着网络化治理的体制机制框架，社会救援组织的健康发展离不开政府的支持。近几年，民政等政府相关职能部门陆续出台《关于支持引导社会力量参与救灾工作的指导意见》《关于加强基层应急队伍建设的意见》《自然灾害救助条例》等行政法规，进一步确立了社会救援组织的合法地位，并在日常管理工作中给予其优惠政策，为优化社会救援机构和社会救援产业发展环境做了大量工作。同时，在政府引导下，保险公司面向社会救援组织的救援保险险种逐步健全，为救援组织投保提供了更多选择，为救援队员提供了安全保障。政府提供的制度保障与安全保障对社会救援组织近年的快速发展起了十分关键的作用。

但是，政府部门对社会救援组织的扶持政策依然存在一些待改进的问题。虽然政府对社会救援组织有许多优惠政策，也会对其发展给予指导意见，并鼓励其规模和职能范围的扩大，但相对于发达国家和我国社会救援组织的发展需求仍有较大差距。完善制度保障机制，形成网络化治理的制度框架，需要进一步转变政府职能，创新社会救援组织治理模式。

（一）民政部门尽责，加强行业监管与服务

民政部门落实社会救援组织直接登记工作对加快社会救援组织的发展意义重大。我们通过采访得知，近年来在民政部门登记的公益组织逐年增多，政府对这些登记过的社会组织的扶助力度也逐渐增大。但政府在放宽登记门槛的同时，还应指导社会救援组织建章立制，规范组织人员管理、财务管理、信息公开、公益项目运营、第三方评估等事项，为其规范发展提供支持。

在调查中我们了解到，浙江省公羊队具有专业救援能力的救援队员只有80余人。而且，社会救援组织自身无法负担高昂的培训费用，政府在这方面支持力度不够。政府在制定法律法规的同时，还应给予社会救援组织特别关注，营造宽松的政策扶持环境，从场地提供、服务购买到制定完备的监督制度，鼓励社会力量参与防灾救灾，并在志愿者的活动和管理方面提出综合性政策，规范与扶持相结合，为社会救援组织提供良好的制度环境。同时，政府要进一步完善对社会救援组织的奖惩制度，奖励为主、惩罚为辅。社会组织管理部门通过组织年检，大力表彰作出杰出贡献的社会救援组织和个人，给予资金和荣誉的双重奖励。某些社会救援组织存在不规范现象时也要及时批评并加以引导。奖惩结合，调动社会救援组织的积极性，营造良好的社会救援氛围。

（二）创新方式方法，拓宽资金筹措渠道

资金不足是社会救援组织普遍面临的问题。从政府的角度，需要进一步加大对社会公益组织的资金扶持力度。据我们了解，政府补助分配到每个组织后十分有限，远远无法满足组织发展的需要。我们在调查公羊队的过程中了解到，组织发展的资金主要来源于公羊会企业家的捐助，政府的资金支持主要集中在装备提供方面。购买公共服务是政府对社会救援组织的间接的资金扶持手段。据公羊队的负责人介绍，政府通过购买公共服务能够一定程度上缓解他们的资金紧缺问题。可见，购买公共服务作用重大。因此，政府应当进一步制定、完善和落实购买公共服务的优惠政策来支持社会救援组织的发展。

　　同时，政府也应该创新方式方法，拓宽社会救援组织资金来源渠道。我国资金雄厚的企业家众多，致力于公益事业的也不在少数，但这些企业家很多都会捐助红十字会等知名度高的慈善组织。若政府加以引导，促成社会企业和社会救援组织形成定向捐助关系，将会为社会救援组织注入新的发展资金，为其长期稳定发展奠定坚实的经济基础。

　　（三）加强综合协调，完善社会防灾救灾体系

　　在安全保障方面，目前国家的支持政策和保险公司的险种设置涉及社会救援组织较少。因此，需要金融、保险和民政等部门共同协调，尽快出台相关政策，设置专门面向社会救援组织成员和志愿者的人身安全保险，并在保费费率和理赔程序等方面予以支持，解除社会救援组织在安全保障方面的后顾之忧。民政部门主管社会行政事务，其工作职责包括制定自然灾害应急救助预案，组织、协调全区救灾工作，核查、上报灾情，接收、管理、分配救灾款物并监督使用，指导灾区对灾民的生活救济和生活自救以及组织、指导社会救助工作，加强新型社会救助体系建设等。民政部门应当转变观念，把一些社会职能放手交给社会救援组织。既可以提高行政效率，也可以在一定程度上避免政府有关部门用行政思维来领导和管理社会救援组织，造成公益志愿行为形式化与行政化的倾向。最后，社会救援组织应采取积极主动的姿态，加强与当地应急、消防、民政、地震救灾、红十字会、医疗卫生、精神文明等部门的沟通与联系，自觉融入政府与社会工作体系当中，充分发挥社会组织连接政府与民众的纽带作用，完善社会防灾救灾体系，成为社会治理工作的补充力量。

二 提升社会救援组织的自我治理机制

组织治理影响着社会救援组织的网络组织地位，社会救援组织的自我治理机制在一定程度上决定着组织的发展方向和发展前途。国内的社会救援力量发展迅速，从最初自发结成的救援小队到如今机构完整、管理规范，配备高科技装备的专业救援组织，社会救援组织自我管理水平不断提高。但是，社会救援组织自身的治理机制依然存在一些问题，其中较为突出的有：组织管理普遍缺乏专业化人才和管理方法；部分组织自我约束不够严格，组织救援水平良莠不齐等。为改善社会救援组织自身管理现状，要从行业服务、组织自律两个方面入手，建立健全社会救援组织行业服务平台，完善资质考评机制，并引导组织加强自律意识，推动组织自身建设走向新高度。

（一）发挥行业协会在信息协调、保险保障、人员培训方面的作用

社会救援组织的自我治理机制的完善离不开行业协会的指导、监督、协调和保障。社会救援行业应建立统一的信息发布平台，实现救援信息共享，方便各救援队间的信息沟通，优化救援结构，提高社会救援资源的利用效率。同时，针对救援队员投保难，人身安全得不到保障的现状，救援协会应主动协调，提出完善的安全保障服务方案，保障救援队员的权益，为救援人员解除后顾之忧。最后，协会还应该搭建培训服务平台，促进队员培训考核规范化，以增强救援队员灾害现场的处置能力，提升社会救援组织救援质量，切实保护人民群众的生命安全。

（二）社会救援组织应提高自身组织管理能力和专业化水平

社会救援组织应提高自身管理的规范性、专业性，促进组织健康运行。为达到这个目标，社会救援组织管理者应具备一定的财务、人力、营销方面的管理知识。因此，社会救援组织应该通过内部培训活动充实组织管理人员在财务、人力、营销等方面的知识，待组织规模扩大时，也可以请相关专家来协助管理组织。此外，社

会救援组织应不断调整优化队伍管理结构体系，细化制订相关志愿服务工作流程和分工职责，建立健全组织运转、物资保障、财务管理制度，提高管理水平。

三　构建社会多元联动的防灾救灾网络

社会多元联动防灾救灾网络的建立健全，有利于加强社会救援组织与政府、其他社会救援组织、社会公众等其他网络主体之间的关系，是社会救援组织参与机制中不可忽视的重要因素。需要解决国内社会救援组织现阶段普遍存在的上行沟通主动性不强、横向沟通不及时，不重视社会沟通等问题，规范协调各个主体之间的关系，实现从政府单一主体向社会多元联动的防灾救灾网络转变。

（一）加强社会救援组织与政府应急管理部门之间的沟通协调

我国社会救援组织与政府应急管理部门之间的信息沟通与协调，有待常态化和制度化。如前所述，社会救援组织与政府应急管理部门之间的合作仍处于"应急反应"阶段。在灾害爆发之时，双方开始"应急"式合作。而在平时，彼此缺少常态化和制度化的沟通协作。

因此，我们提出应该完善社会救援组织与政府应急管理部门之间的协调机制，优化资源配置。在灾害发生前，各地社会救援组织应主动地与政府职能部门取得联系，努力寻求与政府职能部门建立长效合作关系。灾害发生后，社会救援组织应在政府统一指挥下开展救灾行动。与政府部门充分沟通、密切合作，这样不但能在资金上获得有力支持，更能获得及时可靠的救灾信息，在救援现场起到更大的作用。社会救援组织应该注重加强与政府应急管理部门的信息沟通，克服信息沟通中的障碍，积极与民政部门联系，建立和完善日常沟通与灾害发生时的双向信息沟通平台。政府应急管理部门也应该不断完善政府职能，完善信息沟通机制。

（二）加强社会救援组织与政府救援力量之间的沟通协调

社会救援组织和政府救援力量之间的日常沟通和灾难发生时的沟通直接关系到灾难救助的成败。政府紧急救援力量不论在装备、人数还是专业素质上都要优于社会救援组织。社会救援组织则在一些特殊救援上有较强的专业优势，并能为灾民提供一些个性化救援服务。两者可以取长补短，实现优势互补。例如，调查过程中我们了解到公羊队存在救援犬饲养与训练难题。由于杭州市的地方性政策不允许在市区内饲养训练犬，公羊队只能把饲养基地设在郊区，因为交通不便，所以实际驯犬的时间很少，无法达到令人满意的训练效果。需要与政府救援部门主动沟通，寻求他们的帮助，通过协调和政府救援力量的犬队共享训练场地和时间，提高训练效果。

同时，为加强社会救援组织与政府救援力量间的沟通协调，社会救援力量在救灾过程中，应服从政府的统一指挥，与政府救灾力量有效配合，分阶段、按梯次展开救援行动，并为政府救援力量提供一些专业救援建议。而政府则应积极接纳社会救援力量，发挥其优势，形成两股救援力量间的优势互补，达到最优的救援效果。

（三）加强各个社会救援组织之间的沟通协调

社会救援组织之间跨联盟、跨地域的日常沟通协调同样尚待进一步常态化和制度化。据调查，公羊队和浙江地区内、国内其他社会救援组织少有联系，只有一个微信群沟通交流消息，有待搭建常态化规范化的社会应急组织之间的交流平台。

2008 年，由蓝天救援队倡导成立的中国应急救援联盟，在制度建设、规范运作和影响力方面都需要进一步完善。因此，建立一个信息沟通协调平台成为国内社会救援组织的当务之急。同时，同一个地区或者关联度较大的社会救援组织之间更应该加强互动、密切合作。在灾害发生时摒弃成见积极联络，在装备、人员等方面优势互补，在救灾现场统一调配，最大程度发挥各自的作用。

四 健全社会救援组织的社会支撑体系

社会支持营造网络运行的良好环境，是社会救援组织生存与发展的土壤，直接关系到社会救援组织的能力与救援水平。如前面的分析所示，目前对于社会救援组织的社会支持依然处于较低水平，社会救援组织的社会知名度普遍较低。而社会救援组织的社会知名度同其善款的筹集、救援活动的有效开展有着紧密的联系，如何扩大组织的影响力、提升组织的信任度，争取得到更多社会公众的认同和关注是组织当前不可忽视的难题。目前，需要动员企业、社会团体和公众广泛参与，营造社会救援组织健康发展的良好社会氛围。

（一）不断拓宽渠道，聚集社会财力

资金问题一直是制约社会救援组织发展壮大的一大瓶颈。社会救援组织正常运转所需的资金仅靠自身和政府支持是远远不够的。应该积极引导和鼓励更多的企业和个人加大对公益事业的资金投入，形成全社会支持、资助公益事业的良好发展局面。企业应该勇于承担社会责任，积极以项目投资、定向捐助等方式给予社会救援组织资金支持。在定向捐赠的过程中，公益组织可以获得企业给予的必要的组织运转资金，同时也可依靠大型企业的知名度提升民众信任度，促进公益活动的顺利开展。对于企业来说，与社会救援组织建立联系可以树立良好的企业形象，提高企业效益，最终达到双赢的效果。

（二）媒体积极介入，宣传公益文化

媒体是宣传推广社会救援组织最重要的途径，也是社会救援组织与外界交流的主要渠道。媒体应该强化自身责任，积极宣传社会救援组织的工作成绩和感人事迹，传播社会正能量，帮助社会救援组织提升社会知名度。同时，媒体应积极引导社会各界提高对社会救援组织的认可度。通过宣传报道社会各界对社会救援组织的募捐行为，正确引导人们的价值观念，为社会救援组织的健康成长、发展壮大，营造和谐的社会氛围。

（三）民众主动参与，增强全民防灾意识

社会救援组织的发展离不开社会民众的支持，因此，民众应积极主动地参与公益活动，了解防灾救灾的相关知识，增强防灾意识，自觉支持社会救援组织的发展。

高校学生作为受过高等教育的特殊群体，他们对社会救援组织的态度和了解程度对社会救援组织未来的生存与发展有着不可忽视的作用。根据调研问卷中对"所处行业"与"对公羊队的了解程度"的交叉分析中我们发现，学生群体对公羊队等社会救援组织的了解程度几乎是"完全不了解"。针对高校学生缺乏安全知识教育，对社会救援组织的了解程度低、认同度低的现状，高校应积极主动与社会救援组织开展合作，邀请社会救援组织定期到高校开展公益讲座，并向高校学生提供志愿活动的机会。讲座的开展在提高高校学生自救互救能力的同时，也能提高社会救援组织在年轻群体中的认知度，加深学生群体对组织的了解。一方面提高社会对社会救援组织的信任度，为救援活动的顺利开展提供条件；另一方面吸引学生加入社会救援队伍，为组织后备人才打好基础，双管齐下，为社会救援组织健康发展营造良好的社会氛围。

此外，社区居委会、村委员会等基层群众组织也应与社会救援组织建立合作关系，邀请救援队员进入街道、乡镇开展演讲活动，向民众讲解防灾自救的相关知识，在提高民众防灾意识和自救互救技能的同时，增强社会救援组织的可信度，为其创造更好的生存发展环境。

本章运用社会网络和扎根理论分析方法构建了社会救援组织参与机制网络化治理概念模型。以蓝天救援队和浙江省公羊队为典型案例调查搜集原始资料和数据，根据扎根理论分析的研究流程围绕社会救援组织的网络化治理机制对搜集的资料依次进行开放式编码、主轴译码和选择性译码。通过对原始资料进行贴标签，提炼出相关概念，再根据概念归纳其范畴。根据各个范畴之间的潜在逻辑关系进行类别归属，归纳出社会救援组织网络化治理机制的四个主范畴，即"制度保障机制""组织治理机制""沟通协调机制""社会支持机制"。最后，根据蓝天救援队和公羊队十年来参与机制特征、优势及其演变趋势，构建了社会救援组织网络化治理机制的概念模型。并通过蓝天救援队和公羊队两个案例的比较分析，从四个方面提出完善社会救援组织参与机制的对策建议。本章的研究结论为提出社会救援组织网络化治理措施提供了理论根据。

第七章 美国社会救援组织治理的 经验与借鉴

在国外发达国家中，美国是社会救援力量起步最早，发展最为成熟的国家之一，其社会救援组织也有较强的代表性。在这里我们以美国的红十字会、灾害医疗救援队（US-DMAT）、全国救灾志愿者联盟（NVOAD）为典型案例，从组织运作资金、组织专业化、政府政策以及社会环境四方面具体分析，探讨非营利性社会救援组织参与机制的治理经验。

第一节 资金来源充足而多元化

充足的资金是社会救援组织能够健康运行和高效管理的有力保障，只有保证管理和运行，组织才能不断发展壮大，从而帮助到更多的人，为社会救援做出更大的贡献。但社会救援组织的运作并非易事，由于具有非营利性的特质，如何筹集运作资金便成为一个敏感的话题。美国红会作为一个每年能够获取几十亿美元运作资金的大型救援组织，其内部是如何运作的，值得我们深入研究并借鉴学习。相关人员也需要改变观念，只有解决了社会救援组织生存的首要难题，才能让公益救援得到更长久的发展。美国社会救援组织的资金来源主要有以下几个方面。

一 发动募捐

据 2012 年的统计，美国非营利组织超过 160 万个，以每个董事会 10 人计算，就有超过 1600 万公民直接参与到一个庞大的代议民主机制之中。这些非营利组织拥有超过 3.8 万亿美元的资产，年捐款收入近 1.7 万亿美元，它们有权支配数以万亿计的美元。根据美国现行法律规定，如果一个企业向社会捐出善款数额超过应缴税收的 10%，就可以减免 10% 的税款；如果不到 10%，则可以在缴税时扣除已经捐出的善款。为鼓励志愿活动，某些机构认为志愿者捐献的义工时间达到某个标准后，其本人可按最低工资标准享受减税待遇。[1]

美国红十字会最主要的收入来源之一就是募捐筹款。美国政府授予其发起募捐筹款的权利，使得美国红会在社会救援活动中能够得到强有力的资金保障。美国红十字会网站上，有一个专门用于接受善款的页面，在这里你可以选择自己所捐款项的去处，也可以看到捐款用在了哪些地方，在捐款的同时只要留下自己的住址信息，就可得到红十字会的官方回复，以作为对捐赠者的感谢和凭证。[2]美国红会的募捐主要分为对个人的动员和对企业的动员两个方面。

在对个人的动员中，美国红会在线下以发动募捐活动的形式，配合线上的网络捐款，除此之外，还会结合血液采集、社区教育、志愿服务等不同的工作，发放大量的宣传单，抓住每一个机会进行宣传动员。值得一提的还有，捐款者能够与自己的捐款相绑定，绑定之后这些捐款者除了能够享受到政府的减税奖励之外，红十字会的工作人员还会定期给他们发送邮件，告知一些红会的活动和志愿者机会，以及送去节日祝福等，这样一来，组织就能与这些捐款者形成一种长期、稳定的关系，奠定了红十字会坚实的社会基础。

在对企业的动员上，美国红会通过与企业合作的方式，在合作企业定期发起献血活动。同时还会根据企业每年的捐款额度，再与相对应的企业一起进行一系列的社区活动。对企业而言，这也是一个能够履行社会责任、提升社会声誉的有效途径。非营利组织在与

---

① 胡星斗：《中国问题学》，凤凰网博客（http://blog.ifeng.com）。
② 《慈善透明的字典里没有"不可能"》，《中国民政》2013 年 5 月 8 日。

企业合作时，要考虑到企业的营利性质，将合作建立在两边的共同利益之上，企业若长期得不到实质性的收益与回报，仅凭爱心对社会救援组织进行捐助，难免会感到力不从心，捐助便也无法持久。

据美国红十字会 2011—2012 年财政报告显示，美国红十字会用于医疗服务、社区服务、灾难服务等慈善活动的支出为 30.31879 亿美元，而其全年的总支出为 33.45133 亿美元，方案活动的支出占总支出的 90.6%。2012 年，美国红十字会的募款费用则为 17240.7 亿美元，而美国红十字会的相关捐款为 67004.8 亿美元，募款费用仅占相关捐款的 25.7%。①

二　政府资助

政府资助也是美国红会获取运行资金的渠道之一。在某些情况下，美国政府会拨款给红十字会，但并非是直接拨款，而是政府对具体项目提供的资金。政府与红十字会签订合约，让红十字会来执行某些方面的救援行动，因此政府与红十字会之间的关系，更类似于购买服务的合作关系。② 在美国，政府财政拨款是根据事先拟定的合同开展的，美国政策重视权利与义务的统一，政府根据不同的救援组织的救助预算，并结合其实际的救援工作绩效、资历、救援经验、信用状况等作为参考来拨款。这种拨款模式不仅有利于提高社会救援组织参与救助的专业水平与工作态度，同时也能促进组织间的相互比较与公平竞争，使得政府的财政拨款管理能够公开透明，有利于社会救援组织的健康发展。

在中国，对于中小型公益组织来说，政府的重视程度较为不足，但这些中小组织同样可以通过地方政府提供的小额资助，或者申请一些基金会的扶持资金等，来获得运行资金，比如腾讯公益、阿里巴巴基金会等都有一些相关的公益项目。

---

① 《完善的制度支撑美国慈善体系》（国际视野）（组图）——相关文章，互联网文档资源（http://www.360doc.com），2016 年 12 月 6 日。

② 《美国红十字会和政府是什么关系？》，网络资料（http://www.mzyfz.com）。

三 发展组织业务

发展组织业务也是获得运行资金的一个办法。社会救援组织除了在灾难发生时提供救援行动，在日常运行中同样可以进行一系列的工作，以获得组织的运行资金。下面笔者以美国红十字会的血液供应业务为例具体阐述。

美国红会获得了政府许可在全国范围内进行血液采集的工作，这一工作已成为其最主要的业务之一，许多人也主要是通过红十字会的血液采集工作知道这个组织的。通过这一工作，美国红会不仅接触到了大量的社会民众，奠定了社会基础，更能够通过血液的检验与保存运送等工作，向医院收取一定的费用，获得收入。授人以鱼不如授人以渔，通过政府放权，非营利组织能够获得相应的工作机会来赚取所需的运营费用，从而使日常的运营和管理得到保障。红十字会的血液供应业务始于第二次世界大战期间，美国转向红十字会发展大规模的救命血供应。这催生了美国红十字会献血服务设施，收集 1330 万品脱的血浆供美国的武装力量在第二次世界大战中使用。战争结束后，红十字会推出了第一个全国性的平民血液计划。

今天，红十字会每年从全国大约 310 万名献血者中收集约 530 万个单位的血液，并分发超过 770 万种血液制品用于输血需求。美国红十字会的生物医学服务在美国的医疗体系中起着至关重要的作用。它是美国最大的血液和血液产品的单一供应商，收集和处理全国约 40% 的血液供应，并分发到全国约 2600 家医院和输血中心。红十字会在保护献血者和病人的安全，以及增加血液供应方面也起着主导作用。它是第一个帮助开发和实施传染病的测试机构，同时也是唯一为改善血液安全进行临床试验的贡献者。向患者提供血液和血液制品是红十字会在紧急和灾难中帮助人们的一个重要组成部分。

除了成为美国最大的血液供应者外，红十字会是研究和测试的领导者，以保护血液供应的安全。红十字会是第一个制定和实施许多传染病监测的机构，包括 HIV、丙型肝炎病毒、西尼罗河病毒，以及最近的南美锥虫病。红十字会专家在行业政策和标准制定中发挥重要作用。通过对 AABB 关键委员会服务（前身为美国血库协会）和其他血液相关的组织如美国食品和药物管理局（FDA）的紧密合作，红十字会提供了影响血液的银行业方向的有价值数据和知识。

红十字会一直在努力提高血液和血液制品的可用性。这包括教育潜在的捐献者健康的习惯。增加多样化的献血者招募对国家未来的血液供应至关重要。红十字会正在全国范围内开展活动，以增加不同社区献血者的数量，提高献血的意识。红十字会还致力于寻找稀有献血者，以满足全国各地患者的特殊需求。通过免疫血液学参考实验室，得到全国各地的医院提供支持，有美国罕见的捐赠计划 AABB 并与其合作，红十字会能够确保患者会在白天或夜晚的任何时间得到他们需要的血液。

第二节　救援队伍专业化水平高

美国政府历来重视对社会救援组织有关人员的培训教育工作。自"9·11"事件以来，美国政府对相关政策进行了修订，以提高救援组织的救援能力与水平，并且对于其救援水平和准入门槛都有着一定的标准和要求。因此，美国的救援队通常都具备极强的专业性，能够在灾害发生时快速准确地开展救援行动。

美国灾害医疗救援队（United States Disaster Medical Assistance Team，US-DMAT）就是一个值得我们借鉴的案例。目前美国共有80 支 US-DMAT 分布在各个要地。其成员基本上都是专业的医疗从业人员和志愿者医师，灾害发生时，他们会快速反应，提供专业的医疗救助，从而降低灾害所造成的损失。其工作主要有搜索和营救、分诊和初级医疗救护、提供确定性医疗救护、增援当地已超载的医疗机构四个方面。

US-DMAT 采用"当地资助、社区管理、联邦身份"的运行模式。其救援人员以联邦职员的身份开展救援工作，并且需要得到联邦的认证，持证上岗。与此同时，他们也会得到来自卫生办公室支付的相应工资，组织内所需的救援装备以及救援药品则是由国家财政拨款支付的。在日常训练中，各层次的队伍会以社区为单位，根据所需的技能进行培训和演练，并且，各州和地区还会根据自身的情况制定相对应的培训和演练计划，富有针对性地培训塑造了专业的救援人员。

第三节　政府支持力度强

社会救援组织的良好运行，离不开政府政策的有力支持。美国社会救援组织得到美国政府的放权，获得了自由结社、宣传、募集资金、税收倾斜、政府补贴与拨款等权利。主要体现在以下几个方面。

一　组织支持

美国红十字会能够发展为全球最大的社会救援组织之一，离不开美国政府的支持。从高层管理人员的选派，到组织工作的安排，再到给予组织发起活动的权利，美国红十字会的发展壮大，很大程度上可以归功于政府对它的重视。美国红十字会的工作被美国国会要求在"政府的监督"下展开，理事会的 50 名成员中有 8 名是由美国总统任命的，其中包括了美国国务卿和国土安全部长等，并且美国总统也担任着名誉主席一职，这种特殊的准政府状态让美国红十字会获得了很大的权力，比如从军队手中采购物资或是使用政府设施等，还可分配到军事人员协助完成救援任务。美国政府对社会救援组织在组织发展方面的支持措施有以下几个方面。

第一，实施"公民服务队"计划（Citizen Corps Program, CCP）。2002 年 1 月 29 日在全美国开始实施的"公民服务队"计划是由国土安全部联邦紧急措施署（Federal Emergency Management Agency, FEMA）主管、联邦政府有关部门共同资助。这个全国性计划的宗旨是通过教育、培训和志愿服务，使居民社区更加安全，更好地为应对恐怖主义威胁、犯罪、公共卫生事件及各种灾害做好准备。在实施期间，联邦紧急措施署与联邦司法部、卫生部和公众服

务部、环保署、"国家与社区服务机构"、全国性非营利组织及各
个州和地方的政府机关、急救机构、志愿者组织保持密切联系。目
前，美国所有的州和海外领地都建立了州级公民服务委员会（Citi-
zen Corps Council），每个州都设有一名经州长任命的公民服务队计
划协调员。全国州级以下的地方政府建立了 2395 个公民服务委员
会，一个由公民服务队志愿者和相关组织支撑的全国性应急系统已
经基本成型。[①]

　　第二，强化联邦政府对社会救援组织的协调。2002 年 1 月 29
日，布什总统下令在白宫设立志愿服务协调机构——"美利坚自由
服务团"（USA Freedom Corps）。2009 年 1 月奥巴马政府上台后，
"美利坚自由服务团"的职能由相关联邦机构，特别是"国家与社
区服务机构"承担。该机构由总统主持的专门委员会领导，日常运
转由总统任命的白宫官员负责。这个超级协调机构把美国公民捍卫
国土安全的义务融入联邦志愿服务计划，加强了各级政府对现有志
愿项目的支持，展开了权威性的全国志愿服务年度普查，完善了各
类民间组织与政府协作应对突发灾害性公共事件的机制，为在基层
社区和青少年中开展志愿服务创造了更有利的条件，使全社会进一
步形成尊重和支持志愿者的氛围。[②]

　　第三，积极培育社会救援行业协作组织。在美国，全美救灾志愿
者联盟（National Voluntary Organizations Active in Disaster，NVOAD）
就是这样的一个组织，其成立的背景是 1969 年 8 月的墨西哥湾
"卡米尔"飓风。当时，救灾过程由于缺少整体协调和沟通，导致
了各 NGO 救助出现重复性和单一性，救灾活动遇到很多挑战。于
是，较有影响的七大 NGO 发起成立了该联盟，其中包括具有全国
性组织网络的美国红十字会、救世军（The Salvation Army）等，其
使命为 4C，即合作（cooperation）、交流（communication）、协调
（coordination）与协作（cooperation）。经过 40 多年的磨合与发展，

---

　　① 陈伟哲、杨伟超、李辉：《21 世纪美国防灾志愿者组织发展状况及对我国的启
示》，《中国应急救援》2014 年 6 月。
　　② 同上。

NVOAD 已经成为美国政府、NGO 和志愿者都认同的救灾志愿者联盟，其会员包括全美 110 多家人道救助组织和非营利机构，主要依靠会员的会费和企业捐助进行年度财政预算和开展工作。由于其在重大灾害救援中的确发挥着较好的整合与协调志愿者、NGO 资源的作用，各方均认可其组织协调地位。①

二　政策监管

美国社会救援组织的制度环境比较宽松，政府的监管机构也并不庞大，但监管效果却比较好。究其原因，主要是以下三个原则在发挥重要作用：一是分类监管；二是行为监管；三是公众监督。②

美国对于社会组织的管理处处体现着分类监管的理念。总体而言，获得政府的优惠政策越多，受到的政府监管也越严格。首先，组织可以选择注册或不注册。对于注册的组织而言，它有资格享受政府的一些优惠政策，但同时也被纳入了政府的监管范围之内；不注册的组织，就无法享受政府的优惠政策，但也不接受政府的监管。③ 其次，注册的组织可以选择注册为非营利公司或慈善组织。前者的信息可以不需要向社会公开，但无法向公众募款；后者可以向公众募捐，其组织运作，特别是财务状况，要受到州检察机关和公众的双重监督。再次，组织在向联邦国税局申请税收减免时，可以选择不同的组织类型。税收减免幅度大的社会组织，政府的监管力度也更大。④ 政府对享受税收优惠政策的社会组织进行严格审查，起到了对社会组织日常活动有效监管的作用。社会组织在向政府申请税收减免的过程中，需要向国税局提供相关的财务明细，由于社会组织的活动必然会涉及经费的收支，因而政府可以通过财税部门审核社会组织的财务状况，了解社会组织的活动和规模，进而实施

---

① 陈伟哲、杨伟超、李辉：《21 世纪美国防灾志愿者组织发展状况及对我国的启示》，《中国应急救援》2014 年 6 月。

② 《美国政府如何监管社会组织？》，《国际》，网络资料（http://www.mzyfz.com）。

③ 同上。

④ 同上。

不同程度的监管。

美国政府对社会组织的监管法律和政策通常是针对某项具体行为的细致规定，而不是针对某一类特殊组织而制定的笼统规则。由于社会组织中良莠不齐的现象非常突出，即使具体到某一类型的组织亦是如此，因而，针对具体组织类型设计的监管政策往往有可能限制部分积极组织的发展，同时放任部分消极组织的存在。行为监管的原则由于关注组织的具体行为是否违反法律、是否损害公益资产、是否违背公共利益，因此可以提高政府监管的效力，使监管行为更具针对性。①

最后，公众监督在社会组织监管体系中占有重要地位。与数量庞大的社会组织相比，政府即使雇用再多的员工参与对社会组织的监管，其精力和能力实在有限，而且公众也不愿意将有限的财政资源投入到扩张监察人员队伍中去。因而寻求政府之外的监管渠道就显得尤为重要，其中发动公众参与监督是非常有效的方法。在美国，政府部门查处的社会组织的违法行为，很大一部分是通过公众举报及时发现的。②

三　调动各种社会力量积极性

美国政府在构建社会防灾救灾体系的过程中，重视调动各种社会力量的积极性，特别注意发挥民间组织的作用。联邦志愿服务计划的实施不是联邦政府单枪匹马地干，而是大力动员、组织、协调社会各方面的力量。除了联邦州、地方政府系统的必要协助外，积极动员企业和各种民间组织（包括教会等公民信仰组织、社区组织、地方和全国性的非营利机构等）参与。在有些情况下，民间组织的参与程度甚至直接关系到计划的成败。例如，公民服务队计划所依靠的很大一部分紧急动员能力和物质资源仰仗于 23 个加入其"联系组织计划"（Citizen Corps Affiliate Program）的全国性非营利

---

① 郑琦：《美国政府如何监管社会组织?》，《学习时报》2013 年 5 月 6 日。
② 同上。

组织，其中包括美国红十字会、退伍军人组织、消防志愿者组织、业余无线电爱好者组织及行业协调组织全国救灾志愿组织联盟（NVOAD）。①

据调查，目前美国的志愿者组织已经超过 100 万个，其数量居世界第一；共有 6180 多万人，即 16 岁以上人口的 26.4% 参与了志愿服务；他们贡献了 80 亿小时的劳动，价值 1620 亿美元；同时，78.2% 的志愿者为社会慈善事业捐献了 25 美元或者更多的善款。②

第四节 具有良好的社会发展环境

自"9·11"事件以来，考虑到灾害威胁的不断上升，美国政府大力推动"防灾型社区"的建设，提高了社会民众的防灾意识，从而为社会救援组织营造了良好的社会发展环境。

社会救援组织之间的相互配合问题也是开展救援行动的一大难题。救援组织间若缺乏沟通协调，在展开救援行动时便可能造成资源的浪费，甚至耽误救援。在灾难发生时，志愿者们巨大的救援热情可能会由于信息沟通不畅让救援效果适得其反，若救援组织无序进入灾区，便极易引起救援行动的混乱与资源的浪费。因此，除了保证政府对救援资源的有力掌控外，还需要建立一个能够及时进行信息发布、沟通协调各救援资源的非政府组织平台来协调救援行动，解决信息流通不对称、不及时等问题，保证救援行动有效开展。对于这一难题，美国的全国救灾志愿者联盟（National Voluntary Organizations Active in Disaster，NVOAD）给出了值得我们参考的解决方案——建立协调机构。

NVOAD 是一个拥有着 30 多个志愿者组织的机构，提供全国的灾难救援以及组织日常的急救医学培训。其始建于 1969 年的"卡米尔"飓风灾难时，这次灾难后，在 NVOAD 的沟通协调下，政府与

---

① 陈伟哲、杨伟超、李辉：《21 世纪美国防灾志愿者组织发展状况及对我国的启示》，《中国应急救援》2014 年 6 月。
② 同上。

各社会救援组织开始定期交流与学习，各自积累相关的救援技能与知识。更重要的是，当灾难发生时，NVOAD 会号召其成员组织和其他社会救援组织迅速集中，就灾难救援开展合作，进行分工协调，从而最大限度地避免了救援资源的重叠与浪费。

美国是一个年轻的移民国家，相互帮助和社区活动文化是美国社会文化的基本特征，并且不断地发展和完善，如今，志愿救助和慈善精神已成为了其社会的共同价值观。再配合救援组织与政府对民众的大力宣传教育，民众也拥有了较高水平的意识。

总之，充足的资金，专业的队伍，有力的政府支持，辅之以良好的社会发展环境，美国的社会救援组织经过半个多世纪的发展，已步入一个稳定的状态，使美国拥有了一个强大的社会救援机制。我们要根据中国的实际情况，借鉴美国的经验，建立具有中国特色的社会救援参与机制，从而加强我国的灾害应对能力。

本章主要分析了美国社会救援组织治理的经验。以美国的红十字会、灾害医疗救援队（US-DMAT）、全国救灾志愿者联盟（NVOAD）为例，从组织运作资金、组织专业化水平、政府政策支持以及社会环境四个方面，总结了美国非营利社会救援组织治理机制的成功经验，结合我国实际提出了可供借鉴之处。本章为研究我国社会救援组织参与机制的网络化治理提供了经验借鉴。

第八章 强化社会救援组织社会责任的网络化治理措施

基于社会网络和扎根理论分析的结论和美国社会救援组织治理的经验借鉴，本章提出强化社会救援组织社会责任的网络化治理措施。笔者主要从以下五个方面着手：即制度框架的完善，信息平台的构建，强化组织治理机制，增强企业社会责任，优化激励机制。

第一节 完善制度框架，升级网络类型

在《网络化治理：公共部门的新形态》一书中斯蒂芬·戈德史密斯和威廉·D. 埃格斯提出：要维持社会组织的活力，提高政府部门的效率和专业性，网络化治理是必由之路，而设计网络首先要根据现有的资源和主体类型，选择合适的网络类型。按照政府在网络中参与程度的大小，依次可以将网络区分为以下六种类型：服务合同、供应链、专门类型、渠道性伙伴关系、联接交换台和信息传播（如第一章图 1−2 所示）。

目前，我国社会救援组织与政府间已初步建立了一种网络类型，这是一种政府为应对紧急情况，针对特殊情境激活的网络类型，有着临时性的特点，双方更多地将每一次合作视为一次性的离散任务，而不是以两者作为网络化治理整体协调开展的活动。以公羊队为例，灾害发生时，政府会及时与公羊队联系，并各自发挥所长进行较为密切的合作，但在没有紧急情况时，政府与社会救援组织的联系非常有限，此类型的网络虽有高效、精简的优点，但随着

社会救援组织规模的扩大和职能领域的不断扩张，已无法满足现状需要，要进一步发挥社会救援组织的优势，应转向服务合同网络类型。

"在服务合同网络类型中，政府利用契约条款作为组织的工具。承包人和次承包人的服务协定及其关系构建出纵横交错的排列顺序，与简单的一对一的关系正好相反。这种网络在公共部门的许多领域中非常流行……"① 即制定明晰的制度以规范网络中主体的行为，这种网络类型，不但能规范社会救援组织的行为，还能进一步明确政府与社会救援组织的权责范围，使二者间的合作更为日常化和正式化。同时，服务合同中的政府购买行为，还能在一定程度上疏解社会救援组织的资金困境。以公羊队为例，其24小时公益急寻项目就得到了政府政策与资金的双线支持。2014年浙江省政府公布《浙江省人民政府办公厅关于政府向社会力量购买服务的实施意见》进一步指明了政府购买服务工作方向与范围，未来以购买公共服务的方式委托社会救援组织针对社区居民，开展公益讲座、公益培训，宣传防灾救灾知识等工作力度将会越来越强。

因此，应该不断完善政策和制度框架，通过规范社会救援组织、政府和企业三者之间的相互关系，不断升级和完善社会救援组织的治理网络（如图8-1所示），在促进社会救援组织可持续发展的过程中，达到强化其社会责任的目的。具体可以从以下几个方面入手：第一，从鼓励和规范两个方面，完善社会救援组织治理的政策法规，进一步规范政府和社会救援组织之间的关系，通过升级网络类型，界定政府和社会救援组织在救援活动中的权利和责任，减少随意性和盲目性，提高资源利用率和救援效果。第二，引导和监督相结合，强化企业在社会救援活动中的社会责任，规范政府和企业之间的关系，督促企业合法经营，履行社会主体责任，积极参与社会公益事业。第三，按照相互促进、互惠双赢的原则，进一步密

---

① ［美］斯蒂芬·戈德史密斯（Stephen Goldsmith）、威廉·D. 埃格斯（William D. Eggers）：《网络化治理：公共部门的新形态》，北京大学出版社2008年版。

切社会救援组织和企业之间的关系。一方面，企业出资支持社会救援组织，可以缓解社会救援组织的资金困难；另一方面，社会救援组织的公益品牌效应也可以提高企业的社会声誉和组织形象，给企业带来明显的经济和社会效益。

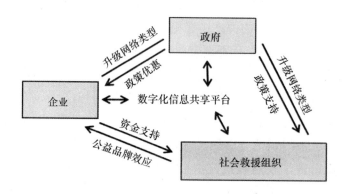

图 8 - 1　社会救援组织网络化治理模型

第二节　构建信息平台，打造多元联动网络

斯蒂芬·戈德史密斯和威廉·D. 埃格斯认为：在当今世界，成功的网络需要一种数字化支撑。[①] 网络中各主体沟通联系，不能缺少电子门户的支撑，即需要信息平台促成信息传递的畅通。目前，社会力量参与救灾依然存在信息不对称、供需不匹配、活动不规范等问题，营造社会力量有序参与防灾减灾救灾的政策环境和活动空间，促进各社会救援组织健康有序发展是当务之急。

目前我国社会救援组织与政府管理部门的沟通协调状态，主要表现为社会救援组织与政府管理部门之间的合作目前还处于"应激反应"阶段。当灾害爆发之时，政府会紧急与社会救援组织取得联系，传达灾害信息，社会救援组织迅速响应，参与救援活动。但

---

① ［美］斯蒂芬·戈德史密斯（Stephen Goldsmith）、威廉·D. 埃格斯（William D. Eggers）：《网络化治理：公共部门的新形态》，北京大学出版社 2008 年版。

是，政府部门与社会救援组织双方缺乏常态化和制度化的沟通协作。各社会救援组织之间虽然通过微信群交流灾害、救援经验、装备维护等信息，但尚未建立正式规范、信息畅通的信息交流平台，其交流效果也缺乏政府监督管控，同样存在缺乏常态化和制度化的问题。

要解决这类问题，应该重视数字信息平台建设，打破政府与社会救援组织、不同社会救援组织间的信息壁垒，建立各网络主体共享信息的网络信息平台。例如可借鉴公羊队平安云系统，使各主体顺畅交流信息，并优选合适的主体开展救援。可以有效协调各网络主体间的关系，使救援活动中的救援装备、救援物资、救援人员等方面形成优势互补，最大程度发挥各自的优势与特长，规避社会救援组织因接收错误信息而到达错误地点耽误救援，或众多救援组织扎堆在同一个救援点等延误救援时机、浪费救援资源的情况出现。

综合本书对社会救援组织治理机制的扎根理论分析和典型案例分析的结论，构建信息平台，打造多元联动网络，应该从以下几方面完善社会救援组织的治理网络化。第一，完善社会救援组织与政府应急管理部门之间的信息沟通机制。政府牵头，社会救援组织与政府应急管理部门充分沟通、密切合作，建立和完善日常沟通与灾害发生时的双向信息沟通平台。第二，完善社会救援组织与政府救援力量之间的信息沟通机制。社会救援组织应与政府救灾力量密切配合，分阶段、按梯次展开救援行动，在救援过程中双向合作，优势互补，以此达到最优的救援效果。第三，完善各个社会救援组织之间的信息沟通机制。可以充分利用网络、微信等新媒体，建立社会救援组织之间的信息沟通平台。社会救援组织实现在装备、人员等方面优势互补，在救灾现场统一调配，发挥各自所长，最大程度发挥各自的作用。建议在条件成熟时，组建社会救援组织联盟，强化治理网络。

第三节 强化组织治理机制，提升救援水平

作为网络化治理中的重要节点，社会救援组织自身的自我治理

机制对组织的发展起着至关重要的作用。对一个组织而言，其治理水平可以分为软实力与硬实力两个方面，本书提出社会救援组织的自身治理也应该从这两个方面切入。

一 "软实力"——价值观念与制度约束机制

软实力（Soft Power）是指社会救援组织的文化、价值观念、组织相关制度等影响自身发展潜力和感召力的因素，是相对组织规模、资产等物质资本等硬实力而言，软实力通过吸引和说服其成员服从自身志愿从而实现组织目标。志愿者们无私奉献，淡泊名利，共同致力于社会救援事业的愿望与心志，就是社会救援组织软实力的主要内容。

首先，社会救援组织的宗旨与功能：应急救援、救死扶伤。彰显其不畏艰险的公益文化精神。其次，组织明确的规定：队员不为利来、不为利往。例如，据调查公羊队一直秉着低调公益的精神，从不刻意宣传自己，包装自己。不为名利，努力在自己的职责范围内配合好政府的救援工作，保护百姓平安，实为大善。公羊队所有队员在工作时间之余，凭借自身已经拥有的能力与智慧，为社会安全，世界和平奉献自己的力量，不为名利，不惧危险，战斗在各大灾难来临的前线。其三，公羊队队员的自我约束以公益道德约束为主。这里提到的公益道德指公羊队队员的公益之心、奉献精神。在生活中，队员能努力协调好本职工作与志愿服务工作在时间上的矛盾，并且不惜牺牲个人娱乐与休息时间，回报社会。在经济方面，不求回报，据我们调查走访，在公羊队的志愿活动中，从来没有涉及资金回馈。所以，队员在日常活动与救援行动时所秉持的无私奉献的信念起到主要约束作用。

同时，在组织内部文化价值观引导与道德约束前提下，制度约束依旧是必要的。制度是一种保障，是有形的、强制的。主要起到两个作用，一是明文设定道德标准作用，能为组织成员内心已经形成的但较模糊的道德约束明确化、规范化。二是日常内部宣传作用，成员在日常组织文化学习中，有章可循，提供了组织运行规范化的一种保障。

二　"硬实力"——技术创新与管理创新机制

一是加强技能培训与技术创新。社会救援组织的实践证明，技术水平决定救援活动的效率和效果。在前文中提到的公羊队技能培训方面，公羊队队员定期举办培训活动，提高救援人员的救援专业技能水平、强化培训专业知识素养。尤其在服务技能创新方面，由最初的山地救援发展至今，增加城市应急救援、水上灾害应急救援、山林灾难救援、24 小时公益急寻服务等诸多专业性救援。尤其在 24 小时失智老人急寻中，创新开发使用急寻定位 APP 软件，使得救援迅速有效，补充了政府机构出警寻人要求的空缺。这在技能培训与组织科技创新方面成为榜样。但在应用的普遍性方面还需要加强，目前只是部分老人使用，推广工作还有待开展，APP 尚可能存在一些问题，需要进一步完善。

二是组织管理制度完善与公信力建设。例如，公羊队机构健全，但人员不足。虽然在一定程度上有利于提高每个成员的工作效率，但这难免在管理过程中出现问题。据我们调查，公羊队正式成员只有四人，在公羊队的日常运作过程中，许多日常工作都由志愿者完成，我们在采访过程中了解到在分配任务与职责方面，具体规定不到位，管理制度还有待完善。从公信力建设方面分析，公羊队由于一直秉持低调公益思想，这在一方面继承发扬了公益精神，符合中国谦逊、无名英雄的传统美德观念。但在另一方面，由于知名度较小，在部分救援过程中会遇到一些阻挠，并且日常运作为避免发生监督不到位现象，也需进一步加强公益透明化，建设公信力制度，传递公羊队精神与温暖，为公羊队更加规范发展提供一部分保障。

第四节　增强企业社会责任，拓展网络资源

目前，国内大部分社会救援组织都面临着资金紧缺的问题，救

援组织正常运转所需的资金仅靠政府支持远远不够。积极引导和鼓励更多的企业和个人加大对公益事业的资金投入势在必行，形成全社会支持、资助公益事业的良好发展局面迫在眉睫。

企业在对社会救援组织进行定向捐助的过程中，① 社会救援组织可以获得必要的运作资金，升级救援装备，开展救援培训，提高其救援活动的专业化水平，为网络的良性运作奠定基础。同时，社会救援组织也可依靠大型企业的知名度增加民众对其自身的信任度，促进公益活动的顺利开展。而对于私人企业而言，与社会救援组织的合作可以履行其社会责任，树立良好的企业形象，从而提高企业效益，达到双赢的效果。比较成功的例子如公羊会基金会何军、陈刚等爱心企业家对公羊队的资助，以及科地财富集团对公羊队的冠名等。

一方面，强化企业社会责任意识，可以树立企业良好形象。参与公益事业是获得社会亲和力和公众认知的重要途径，这不仅有助于树立良好的企业形象，扩展企业的继续发展空间，同时还能增加企业品牌的美誉度和忠诚度。另一方面，承担社会责任能提升企业的价值观和竞争力。随着经济全球化，企业面临着日益激烈的国际竞争。企业都把参与公益事业、承担企业公民责任作为企业发展战略重中之重的组成部分来实施的，这不但促进企业良好社会形象的树立，而且也间接为其带来了更大的市场占有率，此之谓"非营利性"竞争。因此，政府应使用政策引导等方式，引导企业与社会救援组织这两大网络主体建立合作关系，不仅为社会救援组织的持续稳定发展奠定基础，也为治理网络注入更丰富的资源，最大程度扩大网络的影响范围。

第五节　优化激励机制，形成良好发展氛围

激励机制的建立是网络化治理必不可缺的关键环节，合理的激

---

① 定向捐赠，是指根据捐赠人的捐赠意愿，对特定的对象进行捐赠和资助的慈善活动，是慈善捐赠的一种形式。

励机制可以提升网络中主体的积极性，促成各项事务的达成，但不完善的激励机制则可能造成资源浪费、各成员互相扯皮等问题，进而影响到整个网络的绩效。斯蒂芬·戈德史密斯（Stephen Gold-smith 和威廉·D. 埃格斯（William D. Eggers）提出：奖励机制应该按照鼓励质量、成本节约、创造性、创新性和持续改进的原则来建立。

目前，为鼓励社会公益事业的发展壮大，政府部门与救灾协会设立了诸如防灾减灾活动贡献奖、慈善大奖等奖项奖励当年度表现突出的公益组织与公益项目，但对于众多社会救援组织来说，社会救援领域的专项奖比较缺乏，同时奖金相较救援设备高昂的价格，发挥的作用十分有限。政府与行业协会应建立更具有操作性的绩效考核与监管评估体系，对社会救援组织内部管理、救援活动与社区服务等职能进行综合考评，让激励奖项与组织成果挂钩，这既能在一定程度上确保社会救援组织的专业水平，又能激发其主动性与积极性。

首先，建立健全社会救援组织的有关政策法规、支持措施、监督办法。进一步明确社会力量参与救灾的协调机制与功能作用，综合考虑灾区的各项需求以及社会救援组织参与救灾的重点范围，制定社会救援组织参与救灾的工作预案和操作规程，健全救灾需求评估、信息发布和资源对接机制，探索建立紧急征用、救灾补偿制度，坚定不移地鼓励引导社会救援组织依法依规有序参与救灾工作。进一步加大对社会力量参与救灾行动的指导和监督，推动社会组织强化自律，出台救灾协会救灾救援行动自律公约，探索建立健全行业标准和行为准则，增强自我约束、自我管理、自我监督能力。其次，从政府的角度，进一步加大对社会公益组织的资金扶持力度。购买公共服务是政府对社会救援组织间接的资金扶持手段，政府应当进一步制定、完善和落实购买公共服务的优惠政策来支持鼓励社会救援组织的发展。同时，政府也应该创新方式方法，拓宽社会救援组织资金来源渠道。再次，完善社会救援组织保障服务措施，降低救灾人员救援风险。地方政府可以考虑由财政或彩票公益金出资为社会救援组织购买人身保险。行业协会要进一步完善支持和保障措施，为社会救援组织及相关人员提供更好的人身保障和服务。最后，加大宣传力度，提高社会公众防灾减灾意识。防灾减灾，一要动员精英，二要融入群众。动员精英，争取专题汇报，让社会各界精英关注防灾减灾，提升影响，引起全社会关注。融入群众，要有宣传的中心点和使各乡镇、村、社区融入的宣传活动。社会救援组织自身既要积极参与救灾，又要积极参加防灾减灾宣传，让防灾减灾宣传真正能进入人心、改变观念、强化意识，形成有利于社会救援组织发展的宽松环境。

基于扎根理论分析的结论和美国社会救援组织治理的经验借鉴，本章提出了强化社会救援组织社会责任的网络化治理措施。主要从五个方面着手：完善制度框架，升级网络类型；构建信息平台，打造多元联动网络；强化组织治理机制，提升救援水平；增强企业社会责任，拓展网络资源；优化激励机制，形成良好发展氛围。这是本书提出的主要政策建议。

第九章　完善社会救援组织治理机制的标准化战略

　　社会救援组织是防灾减灾救灾体系中不可或缺的重要组成部分，必须不断完善组织治理机制，做到稳定有序发展。理论和实践都证明，标准化是保障社会救援组织规范发展的必由之路。我国社会救援组织的标准化建设已经有了良好的开端，但是任重而道远，需要社会救援组织、政府和社会的共同努力。

　　2008 年汶川地震以来，我国社会组织参与减灾救灾活动呈现出三个阶段性特征。第一阶段，从 2008 年汶川地震至 2010 年玉树地震，特征是自发集结、临时联合；第二阶段，2011 年冬季的凝冻灾害联合救援行动，社会救援组织开始形成常态化网络；第三阶段，2013 年芦山地震以来，社会救援组织更为专业，形成与政府的机制化互动。但是，总体看来，数量众多、良莠不齐、成熟度不高是我国社会救援组织的整体现状。同时，由于社会救援队伍很难独立承担救援任务，很多情况下以组织联盟的方式参与救灾活动，然而由于联盟成员多具有多重身份，造成管理困难，组织治理机制亟待完善。目前，由于民间救援领域并无既定标准，民间救援人士也无认定标准，导致社会救援组织专业化程度不足，在参与救援的过程中缺乏标准化和规范化的意识。因此，为促进社会救援组织的规范发展，标准化建设迫在眉睫。

第一节　社会救援组织标准化建设的主要成效

一　治理模式标准化

总体分析，目前我国社会救援组织的治理模式表现为统一管理和救援联盟两种模式。

（1）统一管理式。这种模式即整个组织及其分支队伍集中统一管理的组织治理模式。蓝天救援队就是这种模式的典型，由总部对各地蓝天队伍进行直属管理。蓝天救援队是一个统一品牌、统一风格、统一标志、统一管理的救援队。除进行统一救援时要求分队服从总部和前线指挥部的调度指挥外，平时总部不干涉各分队的常规运作。卢文刚、张宇认为蓝天救援队这种紧密型的结构容易形成统一力量，对救援工作的快速有效进行很有帮助。

（2）救援联盟式。这种模式管理相对分散，各个分支队伍独立性较强。[①] 以壹基金救援联盟为例，它并没有选择建设一支转战各地的"精英救援队"，也没有采用庞大的金字塔形的全国管理模式，而是选择扶持地方的救援联盟各自成长起来，搭建平台形成一个救援联盟，从而能够更好地协调合作，完成救援工作。这种"去中心化"的治理模式也被认为是社会救援组织发展可取的模式。

二　资金管理规范化

民间救援组织由于是公益性的组织，救援几乎完全是义务的、免费的，因此在救援行动中，常常会出现救援经费由队员自行负担的结果。但是救援装备、救援培训等费用要求较高，完全由队员自理非常不现实。目前社会救援组织的资金来源主要有企业资助、政府支持和社会捐助三种形式。

（1）企业资助。社会救援组织得以正常运行，来自企业的支持

---

① 卢文刚、张宇：《中国社会救援组织现状、特点及发展困境——基于中国紧急救援联盟的分析》，《学会》2013 年第 4 期。

力量不容小觑。许多社会救援队伍的发起者和骨干力量就是企业家。例如，浙江省公羊队就是一支由企业家牵头的社会救援组织。企业的资助是民间救援队伍得以生存发展的主要资金来源。

（2）政府支持。在民间救援组织的社会作用逐渐增大的过程中，政府或具有官方背景的机构支持力度逐步增强。主要表现为政府的"购买服务"、提供装备、提供专业培训等。2014 年 12 月 15 日，在国家财政部、民政部和工商总局联合印发的《政府购买服务管理办法（暂行）》中，对政府购买服务的原则和重点进行了明确规定，同时还进一步将指导性目录更加具体细化。这都有利于以民间救援组织为代表的社会力量参与进来，形成改善公共服务的合力，更好促进政府职能的转变。①

（3）社会捐助。来自社会各界的捐款，例如慈善总会资助，以及社会志愿者的义务服务和财力物力支持，也是社会救援组织必不可少的力量源泉。

关于社会救援组织的资金管理，国家已经出台相关专项法律法规加以规范，逐步做到公开透明，以维护社会救援组织的声誉和公信力。例如，《中华人国共和国慈善法》《中华人民共和国公益事业捐赠法》《关于慈善组织开展慈善活动年度支出和管理费用的规定》《基金会管理条例》《民间非营利组织会计制度》等。一些地方政府也制定了有关规章制度，例如《山东省社会组织发展资金管理办法》《浙江省民办非企业单位管理暂行办法》《浙江省民办非企业单位年度检查暂行办法》等。

三　组织发展法制化

近年来，国家相继颁布了一系列法律法规，在促进社会救援组织规范化、标准化发展方面发挥了重要作用。2015 年 10 月 8 日，民政部印发《关于支持引导社会力量参与救灾工作的指导意见》，

---

① 陶岚、傅田：《标准与城市：新时代城市标准化的思考与建议》，《中国标准化》2018 年第 21 期。

指出了社会力量参与救灾工作的重要意义，并且明确了社会组织参与救援的基本原则、重点范围、主要任务和工作要求，社会力量第一次被纳入救灾工作的政府规范体系。2016 年 12 月，国务院发布《关于推进防灾减灾救灾体制机制改革的意见》，要求政府部门加强组织领导，做好完善市场参与机制和引导、发展社会力量的各项工作，以全面提升综合减灾能力。2018 年 8 月，中共中央办公厅、国务院办公厅印发《关于改革社会组织管理制度促进社会组织健康有序发展的意见》，提出要进一步加强社会组织建设、激发社会组织活力。同时，社会救援组织必须接受相关法律法规监督，如《民办非企业单位登记管理暂行条例》《民办非企业单位年度检查办法》《民政部关于推进民间组织评估工作的指导意见》等。此外，在某些社会救援发展较早较快的地方，地方政府也制定了具体政策法规。如 2016 年 12 月，浙江省民政厅就出台了《关于推进社会力量参与防灾减灾救灾工作的实施意见》。

第二节　从《阜阳公约》到《德清宣言》

我国社会救援组织的发展历程既表现为组织自我完善，也体现了政府的引导和社会的支持。从 2015 年 8 月到 2016 年 12 月，民政部和国务院先后印发了《关于支持引导社会力量参与救灾工作的指导意见》和《关于推进防灾减灾救灾体制机制改革的意见》两份文件，为社会救援组织的发展提供了强有力的推动力。从 2015 年 8 月蓝天救援队制定第一个民间救援组织管理规范《阜阳公约》，到 2016 年 12 月 "德清灾害应急救援峰会" 制定全国社会救援组织规范，即《德清宣言》，我国社会救援组织治理的规范化和标准化建设已经有了良好的开端。

蓝天救援队成立于 2007 年，作为专门从事灾难救援及人道主义救助的社会组织，蓝天救援队在不断探索中发展，目前已形成了有组织的户外志愿者、专业搜救人员、医护人员等相关专业人员的多元架构，成为全国民间救援品牌中，最具规模、专业及名气的一员，其发展经验对于社会救援组织的标准化建设有不少借鉴之处。

一　《阜阳公约》促进蓝天救援队规范发展

2015 年 8 月，蓝天救援队制定《阜阳公约》。该公约规定蓝天救援队在全国各地建设分队，各分队采用统一品牌、统一标志、统一风格进行统一管理，接受蓝天救援队总部的直属领导。各地申请建立救援分队遵循严格流程：首先，由有建队意愿的地方提出申请，总部会派出联络官对其进行审核和考察，经考核符合蓝天建队标准的地方，可以获批建队，总部授权其合法使用蓝天救援队的名称和标志，地方分队负有执行蓝天各项管理制度、坚守蓝天救援队发展理念的义务。这种严谨的管理模式和紧密的组织结构有利于集中力量、快速反应、统一调配，充分发挥了民间救援组织相对于政府救援最大的优势，即灵活的反应能力和行动能力，增强了组织的专业性。

同时，《阜阳公约》明确规定，蓝天救援队总部平时不干涉各分队的常规运作，只在进行统一救援时要求分队服从总部和前线指挥部的调度指挥，充分给予了救援分队发展的空间和自由。此外，总部为各分队提供坚实的组织保障。在蓝天救援队总部指挥中心，信息平台、协调部门、外联部门、工作部门、后勤部门等分工合作，以适应随时可能出现的紧急情况，保证救援活动高效进行。对于救援活动，蓝天救援队有自己的一套成型制度。小型救援由事件发生当地的救援分队独立完成，若需省内协作，则通过总部联络官进行组织协调，指挥各分队进行合作救援；面临大型救援活动时，救援队则快速启动，在进行充分的信息搜集基础上调配人员、协调物资、安排各分队出勤，前线指挥部负责统一指挥。在一般救援物资方面，蓝天救援队采用"就近补给"的原则，大批物资则通过指挥中心进行协调，调动整合全国各分队、各爱心企业、社会各界及官方资源，力求为灾区救援提供充分的人力物力保障与技术支撑。[1]

---

[1]　李海峰、罗发菊：《蓝天下的挚爱——探寻蓝天救援队建设》，《中华灾害救援医学》2015 年第 10 期。

蓝天救援队该制度的建设，既有利于充分整合利用资源，又有利于推进救援分队参与救援活动的标准化、规范化管理，使救援行动有秩序地进行。

二 蓝天救援队标准化建设的主要经验

面对目前民间救援队的生存发展困境，必须重新建构救援组织治理制度、调整参与机制、制定救援行动的标准与规范。蓝天救援队标准化建设的探索为全国民间救援组织的发展引导了方向，积累了经验。2015 年蓝天救援队成立标准化小组，开始了我国社会救援组织标准化建设的首次尝试，在推进国内民间救援领域的标准化建设方面起到了重要作用。

管理上的标准化建设，打破了以往联盟制度的松散结构，突破了救援队受众面小、专业程度不足、市场狭小的桎梏，改善了组织治理的模式，有利于组织规模的扩大与品牌效应的建设。其中的审核考察制度，既保障了救援队人员的专业程度，又推进了救援队的专业化建设。蓝天救援队总部指挥中心下属各部门的设立，则规范了救援行动的参与。将救援任务按等级划分，合理安排救援队伍，而非无组织地全部投放，既有效利用资源，同时也能更加有秩序地进行救援行动，推动救援顺利开展，避免资源与人力的浪费。

蓝天救援队对于标准化建设的探索，有利于推进民间救援领域的标准化建设，它既是国内民间救援组织的首次探索与尝试，同时也是其组织治理模式与发展方向的转型。

三 《德清宣言》加快社会救援组织标准化

2016 年我国经历了尼伯特台风灾害、浙江水灾、南方和河北水灾等各类大中小型灾害，各地应急救援组织团结协作，无论是在生命救援还是灾后重建服务工作中都做出了显著成绩。[①] 2016 年又

---

① 雷鸣：《找准短板，激发活力——建德市多措并举提升民间救援组织发展水平》，《中国社会组织》2018 年第 9 期。

适逢《中国防灾减灾"十三五"规划》实施的第一年和《关于支持引导社会力量参与救灾工作的指导意见》正式实施的第一年。为了总结救灾经验和指导社会救援组织规范发展，2016年12月10日，由中国地震局赈灾应急救援司和民政部紧急救援促进中心指导，救助儿童会、中国社会福利基金会支持，中国灾害防御协会主办，德清县卓明方舟减灾事业发展中心承办，北师大风险治理创新研究中心协办的"2016灾害应急救援峰会"在浙江德清召开。此次峰会的参加人员还包括了中国地震局、民政部紧急救援促进中心和多家基金会、全国各地社会救援队伍的100多名骨干成员。

此次峰会上，中国灾害防御协会地震应急救援专业委员会联合参会社会救援组织代表，共同签署发布了2016年救援行动公约暨《德清宣言》。这一宣言为社会救援组织的会员定位及发展方向提供了指导，为促进我国社会救援组织有序发展制定了高质量的行业规范。《德清宣言》指出，社会救援组织的工作要严守法律要求，坚持政府的领导，在政府部门的主导下开展工作；在救援行动中，应遵循属地行动原则和能力优先原则，接受现场已有指挥体系的统一协调；社会救援组织以抢救幸存者生命为主要目标；在救援行动中，不散布未经核实和不当的信息；建立共享机制，促进信息、装备、技术、人员等资源的优势互补；逐步完善机构治理架构，提升救援人员综合素质能力等。

《德清宣言》基于社会救援组织职能，充分吸收了过去的救援经验，并遵循专业化、网络化、标准化等现代发展要求，提出了九条社会救援组织行动指南，有助于国内救援组织更好地、有序地展开救援工作，紧急救援和体系完善同步进行，救援工作逐步规范化、标准化、专业化，对政府应急救援体系起到重要的辅助和补充作用。

第三节　推动社会救援组织治理标准化的对策建议

虽然《德清宣言》的发布说明我国社会救援组织的标准化建设

已经有了良好开端，但是目前社会救援组织的组织治理机制与防灾减灾救灾形势要求还有明显差距，仍然有待完善。我们认为应该从以下三个方面加快社会救援组织的标准化发展步伐。

一 强化相关标准规范在社会救援组织治理中的实施

通过全国标准信息公共服务平台检索发现，现行国家标准中，与社会救援组织相关的有《社会捐助基本术语》（GB/T 24440—2009）、《社会捐助款物管理和使用规范》（GB/T 26375—2010）、《自然灾害管理基本术语》（GB/T 26376—2010）、《地震灾害紧急救援队伍救援行动第 1 部分：基本要求》（GB/T 29428.1—2012）和《地震灾害紧急救援队伍救援行动第 2 部分：程序和方法》（GB/T 29428.2—2014）等。这些标准对于指导和规范社会救援组织的健康发展、科学有序地参与防灾救灾行动发挥了重要作用。社会救援组织应该认真学习、自觉执行相关标准。有关部门要积极指导、严格监督，将标准与检验检测、认证认可和社会救援组织的信用体系建设等工具手段相结合，提高标准实施的有效性。

二 加快制定社会救援组织的国家和行业标准

从上面检索全国标准信息公共服务平台的结果发现，目前没有专门规范社会救援组织、指导其救援行动规程的国家和行业标准。社会救援组织治理机制亟待完善，如队员素质有待提升，救援范围有待扩展，救援效率有待提高，内部管理机制尚有较大改进空间，社会救援方面相关法律制度有待进一步完善等。防灾减灾救灾体系关系到国计民生，应急救援行动涉及生命财产安全，必须加快社会救援组织的专业化、规范化和标准化建设，运用国家和行业标准保证其持续稳定健康发展。[1]

---

[1] 汤骏等：《公共资源"不见面"交易服务标准化建设——以南通市公共资源交易中心"不见面"交易标准化服务为例》，《中国标准化》2018 年第 21 期。

三　充分发挥政府对社会救援组织标准化的引导和监督作用

政府需要在社会救援组织相关标准制定和实施中发挥引导和监督作用。例如，比较专业的直升机航空救援，既无认证的标准，从事这项救援业务的民间专业人士也屈指可数，就需要政府发挥作用，引导制定相关的专业标准和规范，并指导培训社会救援组织，不断提高专业化水平。政府应当加强标准制修订工作，建立相应的政策扶持机制，根据社会救援组织公益行动的参与度和贡献度分别给予不同政策支持与鼓励。政府的相关部门应积极号召、组织相关民间救援组织参与到标准的制订中，并做好相关标准的贯彻工作，提高标准的执行效益。充分调动民间救援组织在标准化工作中的积极性，扩大标准化的影响范围，促进民间救援组织规范化发展。

本章通过调查典型社会救援组织蓝天救援队的发展历程，分析从《阜阳公约》到《德清宣言》出台的社会原因和积极影响，说明标准化是完善社会救援组织治理的必由之路。目前社会救援组织在治理模式标准化、资金管理规范化和组织发展法制化方面已经有了良好开端。但是，组织治理机制仍然有待完善，需要强化国家和行业标准的制定和实施，同时充分发挥政府的引导和监督作用。

第十章 浙江省公羊队治理机制实证分析

浙江省公羊队，全称为"浙江省公羊会公益救援促进会"，成立于 2009 年 5 月 24 日，是公羊会下属的一支社会救援队伍，主要参与国家次生灾害地震抗险救援、山林山难救援、城市应急救援，以及搜寻城市走失老人等救援、服务活动。在杭州市内起步较早、发展较为成熟，并且在全国范围内影响力也较大。分析和总结浙江省公羊队治理机制的经验，可以检验本书得出的理论结论。

第一节　浙江省公羊队的发展与成就

一　公羊队的诞生背景与条件

1. 当前防灾减灾救灾形势需要社会救援力量的参与

我国疆土辽阔、人口庞大，同时自然灾害频发，且种类多、频率高、波及范围广，常常会造成严重的损失。近年来由于全球气候变化不规律，我国发生极端天气灾害的可能性增加。随着地球地壳运动，我国目前正处于地震多发期，时刻威胁着我国人民的安全。我国的防灾减灾救灾工作任务十分繁重。虽然目前我国在洪灾救援方面较有经验，但地震灾害的救援方面经验尚且不足，国家应急救援政策、水平、技术和管理体系也还不够完善，需要社会救援力量的参与和支持。

浙江省特殊的自然地理环境使其成了我国发生台风、洪涝等自然灾害最频繁的地区之一，防灾减灾救灾任务繁重，政府包办的防灾减灾救灾工作方式日显不足。浙江省慈善氛围浓厚，社会力量具备参与社会治理的基本意识和能力，成体系、成建制、成规模的社会救援组织发展格局正在逐步形成。

2. 浙江省公羊会为应急救援活动提供了人员和资金

1992 年，公羊会创始人何军赴美留学归来，担任浙江宝石研究所董事长一职。何军在旅行途中，发现中国仍有很多地区十分落后贫穷，由此萌生了做公益的想法，并得到了国内其他一些企业家的支持。于是在 2003 年，何军创办了公羊会，寓意"公"益之心，行"羊"之善，"会"天下益士，自此在全球开启了"智趣人生，公益帮扶"的公益之旅。随着公益事业的发展，公羊会的成员们开始意识到仅做慈善捐助并不足以改善现状，于是便发起了组建一支专业的社会应急救援队的号召，公羊队由此诞生。何军带领着公羊会成员加入了公羊队，并且带头出资，与爱心企业家们一起为公羊队的建立提供了大量的资金支持。

3. 众多志愿者怀着公益之心积极参与防灾减灾救灾活动

21 世纪初，户外登山运动风靡一时，徒步登山探险越来越受到人们追捧，但驴友走失的意外事件却也随之增加。杭州登山户外运动协会秘书长徐立军就是一名户外运动爱好者，发现驴友失联事件接二连三地发生，便萌生了利用自身专业知识与丰富经验开展救援、帮助他人的想法。他集结了具有同样热忱的户外登山爱好者们，经过几番波折，终于成立了杭州市户外应急救援队，也就是公羊队的前身。成立之初，政府社会都没有给予太多支持，救援所需的装备皆由队员自己提供，第一批队服也由队员自己解决，但队员们甘于奉献和热心做公益的精神使得他们排除万难，为公羊队的诞生奠定了基础。

二　公羊队的发展历程

2009 年 5 月 24 日，公羊队成立，全称为"浙江省公羊会公益救援促进会"。目前，公羊队拥有 500 多名经过严格挑选、培训考核并具有扎实救援知识及实战经验的志愿者，其中，可以直接奔赴灾害现场实施救援的有 80 多位。同时，公羊队还在浙江杭州、四川成都和新疆建立了三个战备仓库，储备有应急救援专用车、冲锋艇、充气船、无人飞机、卫星电话、专业医疗帐篷（含配套设施）以及众多山地和水上救援器材等装备。在组织人员设置方面，浙江省公羊队设总队长，参谋长，秘书长各一名，由委员会选举任命，下设有"六部五队"，"六部"包括人事考核部、作训部、通讯及车辆保障部、外联部、新闻部、文宣部；"五队"则是五个支队，包括两个搜救队、救援犬队、后勤保障队以及预备队，其组织结构如图 10 - 1 所示。

公羊队的组织结构类似科层制结构，以规章的方式规定了组织会员的加入方式、负责人的选举形式等，并对主要领导的工作任务和责任作出了明确规定，当然，实际组织运行中还需要进一步落实规章制度。我们在访谈调查中发现，公羊队队员以志愿者居多，整个公羊队只有四位全职人员：秘书长、装备负责人、宣传负责人和队伍建设负责人。组织管理较为松散，队员的加入和退出较为随意，队员日常行为规范主要依靠队员自觉，队员的奖惩也多以口头表扬和警告的形式，组织的运行主要依靠组织核心人员协调和联系。

短短几年内，公羊队迅速成长壮大，发展成为浙江省乃至全国知名的社会救援组织。这主要得益于以下几个方面的优势。

第一，专业优势。公羊队队员主要为来自全国各行各业的志愿者，每位队员都有自身的专业优势，拥有丰富的专业技能。如直接参与救援行动的队员中就有退伍士兵、特种兵、户外运动爱好者等，这些队员皆具有过硬的身体素质和丰富的实战经验；负责医疗救援的队员本职是医生，有专业的救援知识；负责心理咨询的队员，也是专业的心理咨询师。

第二，机制灵活。相比于政府、部队出动救援需要层层请示，公羊队自身有战备值班机制，时刻响应，保障消息可以随时传达，

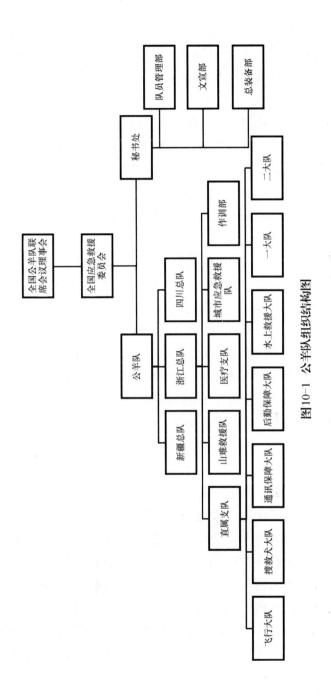

图 10-1　公羊队组织结构图

在接收到消息的第一时刻，公羊队便可立即召集第一批队员赶往灾害现场进行救援，其余队员后续分批抵达。灵活的机制保障了救援的速度，大大提高了救援的效率。

第三，资金保障。资金是公益组织发展最重要的条件之一，公羊队的资金主要来源于政府的资助支持和企业家捐款。其中政府资助主要是以提供装备的形式，政策支持方面政府则主要是通过购买社会服务来支持公羊队，比如社区向公羊队购买一些关于救灾防灾的服务，并且提供办公场地的支持等。另外，每年慈善企业家的捐助，以及社会各界的公开募捐，也是公羊队开展救援行动重要的资金保障。

第四，浙江省宽松的社会环境。这一点主要体现在政府政策支持与民营经济发达两方面。2015 年 8 月，民政部发布《关于支持引导社会力量参与救灾工作的指导意见》，2016 年 12 月 7 日，"全国社会力量参与救灾工作推进会"在杭州的召开，对公羊队的发展无疑是一次巨大的推动。在安全保障方面，政府相关部门促成设置了面向救援队员的人身安全保险险种，为队员投保提供了更多选择。最后，浙江省经济走在全国前列，民营经济发达，具有公益慈善观念并且有实力的企业家较多，政府与企业合力推动了公羊队的发展。

三　公羊队的救援年谱

公羊队的宗旨为"救危助难，为社会出力；扶弱帮困，为政府分忧"。自 2009 年成立以来，至 2016 年底，公羊队执行山林走失驴友救援任务 27 次，执行 24 小时公益急寻任务 67 次，同时，也参加了玉树、雅安、鲁甸、景谷、康定、中国台湾、尼泊尔、巴基斯坦等地的地震救援，和 2013 年浙江余姚洪水救灾行动、2014 年杭州"7·5"公交车灭火事件以及 G20 军民救援安保联动行动。在救援行动中，公羊队共救助 2000 多条生命，其近年参与的救援活动如表10 - 1所示。

表 10 - 1　　　　　　　　　**公羊队重大救援行动一览表**

时间	事件
2016 年 11 月 4 日	公羊队急寻小队深夜出动寻找患阿尔茨海默症的老人
2016 年 10 月 29—31 日	公羊队护航国际毅行大会
2016 年 9 月 16 日	公羊队 "9·15" 温州泰顺抗台救灾纪实
2016 年 8 月 25 日	公羊队赴意大利抗震救灾
2016 年 6 月 24 日	江苏阜宁遭遇龙卷风突袭，公羊队千里驰援
2016 年 4 月 19 日	公羊队出征厄瓜多尔抗震救灾
2016 年 2 月 18 日	公羊队紧急出动救援绝壁被困者
2016 年 2 月 6—11 日	公羊队赴中国台湾地震救援
2015 年 10 月 31 日	公羊赴巴基斯坦抗震救灾
2015 年 8 月 10 日	公羊队 "苏迪罗" 抗洪抢险
2015 年 7 月 9 日	公羊队 "灿鸿" 抗台抢险
2015 年 4 月 26 日	公羊队赴尼泊尔抗震救灾
2014 年 10 月 8 日	公羊队云南普洱县景谷抗震救灾
2014 年 9 月 16 日	公羊队前往桐庐山林搜救走失老人
2014 年 8 月 3 日	公羊队赴云南昭通抗震救灾
2014 年 8 月 20 日	公羊队赴丽水抗洪救灾
2014 年 7 月 11 日	公羊队前往临安顺溪搜救走失老人
2014 年 7 月 1—2 日	公羊队赴遂昌进行灾区防疫消杀
2014 年 3 月 17 日	公羊队安徽牯牛降救援行动，成功救获一名上海驴友
2014 年 3 月 12 日	公羊队东阳搜救行动，成功救出采药老人
2014 年 2 月 23 日	公羊队仙居救援行动，经过七天搜救找到失踪村民
2013 年 12 月 29—30 日	赶赴安徽牯牛降成功营救迷路女驴友 "紫菱"
2013 年 10 月 8—11 日	公羊队赴余姚抗台
2013 年 9 月 25 日	成功寻找到 92 岁患痴呆症的赵大爷
2013 年 8—10 月	"高温救援" ——公羊关爱敲门行动
2013 年 7 月 30 日	赶赴温州苍南搜救莒溪大峡谷走失 14 岁男孩
2013 年 7 月 10 日	24 小时紧急搜寻古荡小区走失 84 岁失智老人肖树国
2013 年 6 月 15 日	杭州市余红桃山成功救援 2 名上海驴友

续表

时间	事件
2013 年 4 月 26—5 月 3 日	持续搜寻救援富阳山林失踪采茶女
2013 年 4 月 20 日	公羊队赶赴四川雅安抗震救灾
2013 年 3 月 10 日	成功寻找到两度走失的 81 岁痴呆症老太
2012 年 12 月 31 日	成功寻找到 92 岁患痴呆症的黄老太
2012 年 8 月 8 日	待命在杭州市公安局西湖分局与警方奋战台风
2012 年 6 月 24 日	公羊队赴温州文成营救 10 名溯溪活动的上海驴友
2012 年 4 月 29—30 日	公羊队在临安清凉峰成功救出迷路驴友邬海峰
2011 年 8 月 13—14 日	公羊队成功解救 52 名被困临海十八潭的上海驴友
2011 年 5 月 24—26 日	公羊队到临安太湖源东天目山寻找到走失上海老人张全才
2010 年 11 月 17 日	公羊队参与临海苍山搜救失踪采药老人邹达祥的行动
2010 年 6 月 7—10 日	参与杭州小和山失踪安徽籍男子吴逢男搜救行动
2010 年 6 月 1—2 日	参与金华兰溪 77 岁老人周用锁搜救行动
2010 年 3 月 12 日	在玉皇山紧急救助苏州老太陆阿妹
2009 年 12 月 27—28 日	成功解救 9 名被困于武义牛头山上的上海驴友

下面将公羊队参与的重大救援活动进行简单介绍。

2010 年 6 月——小和山救援。6 月 7 日凌晨 4 时 37 分许，杭州警方接到了一通求救电话，报警人吴某称自己于 6 月 5 日下午独自一人登山，最后迷路，过了 2 天仍无法走出山林。在打通电话时此人已受伤，声音十分虚弱。接警后，警方迅速组织了一支上千人的救援队，其中主要包括了西湖警方、余杭警方、杭州特警支队、解放军驻浙某部官兵以及杭州市户外应急救援队等各方力量。搜救队分成了数十个搜救小组，多次进入山林对被困男子吴某实施搜救。由于灌木茂密、阴雨连绵、山路泥泞，使得搜救的难度大大增加。公安、消防以及干部因缺乏专业山林救援知识和相关经验，于是与公羊队开展了警民合作。公羊队的队员多为户外运动爱好者，有丰富的经验和专业知识。在搜救的过程中，公安、消防见证了公羊队的实力，于是救援从警民合作模式转变为公羊队带队指导模式。最后，公羊队的一支小分队在午潮山一个山谷里发现了吴某的遗体。虽然结果不尽如人意，但经过此次救援，公羊队的救援实力得到了杭州警方的认可，西湖区政府也开始主动联系公羊队与其开展合作。

2013 年 4 月，芦山地震。由于震后省道 210 个别路段交通情况较差，加上来自全国众多的救援队伍同时奔赴灾区，导致在距离芦山县 37 公里的道路上，数百辆救援车寸步难行，一小时只移动不到 20 米。更危险的是，当时路的一侧为山坡，一侧为大河，如遇余震或降雨，导致山体滑坡或泥石流，后果不堪设想。经此一事，公羊队意识到抗险救灾仅凭一腔热血是不够的，大量的救援队无序赶赴灾区并不科学。自此，公羊队开始思考如何科学地开展地震救援，开始探索属于自己的救援思路与救援方法。

2013 年 10 月，余姚水灾。受台风"菲特"影响，浙江余姚遭遇 1949 年以来最严重水灾。余姚市 70% 以上城区受淹，主城区交通瘫痪，部分变电所、水厂、通信设备障碍，供电供水出现困难。全市 21 个乡镇、街道均受灾，受灾人口 832870 人。灾区雨情大、水情险、灾情重，同时新闻媒体的跟踪报道，让政府也面临着沉重的压力。余姚水灾的救援中，公羊队调用了 50 条皮划艇，发放了 28 吨救援物资，发挥了巨大的作用，政府开始意识到社会救援组织的强大力量。

2015 年 4 月，尼泊尔地震救援。4 月 25 日 14 时 11 分，尼泊尔发生 8.1 级地震，地震破坏力是汶川地震的 1.4 倍。公羊队于第二天下午从杭州出发前往尼泊尔抗震救灾，是浙江省出动最早的一支社会救援力量。抵达尼泊尔后，队员们便马不停蹄地赶赴重灾区进行救援，公羊队携带的中药包在救援现场起到了很大的作用。公羊队队长徐立军说："中国社会力量走出国门进行跨国救援是中国软实力的展现，不分政治、民族、肤色的救援也体现了中国人的胸怀。"此次救援，让公羊队积累了更多的救援经验，并获得了一定的国际知名度，为日后国外的救援工作打下了基础。

2016 年 9 月，苏村泥石流。9 月 28 日 17 时 28 分，浙江省遂昌县北界镇苏村发生山体滑坡，塌方量 40 余万立方米，现场泥石流围成堰塞湖。接到受灾信息后，军区司令员第一时间联系公羊队，公羊队及时提供了专业救援意见。在救援过程中，救援人员发现山体之间存在一条巨大的裂缝，由于现场复杂的环境，无人机的航拍无法确认是山体裂缝还是巨石滚落后留下的坑缝，这条巨缝直接关系到救援现场是否发生二次灾难，也关系到正在地面救援的成百上千人的性命。浙江省地质大队、武警和消防人员因缺乏泥石流山体滑坡的经验而无法确认，于是公羊队队长徐立军带领队员顶着不断滚落的大小碎石攀上 800 米的悬崖亲自勘测。最后，三个人齐心协力克服了现场不断发生的意外状况，确认了缝隙是巨石滚落后留下的痕迹，并安装了边坡雷达，保障了后续救援行动的顺利开展。公羊队丰富的专业知识和实战经验使其在一次又一次的大型灾害救援中发挥着重要作用。

四 公羊队的荣誉声望

公羊队出色的表现不仅深受政府和普通民众的信任，还赢得了许多荣誉。

在组织荣誉方面，公羊队先后获得"第十届中国青年志愿者优秀组织""第三届中国公益慈善项目年度特别奖""2014 年度浙江杰出志愿服务集体""浙江省救灾协会 2015 年防灾减灾活动贡献奖""2015 浙江省十大骄傲人物（群体）荣誉称号""2016 年浙江慈善大奖"等。同时，2015 年公羊队跨国开展的尼泊尔地震国际救援，更被评为"全国社会组织十件大事"之一，2016 年 12 月，在杭州召开的"全国社会力量参与救灾工作推进会"上，浙江省民政厅关于《加强引导，完善服务——积极推进社会力量有序参与减灾救灾工作》经验介绍中对此荣誉给予了赞赏，并对公羊队的成绩给予了肯定。

此外，公羊队队员王磊曾获得过"2015 中央电视台 CCTV 年度十大法治人物"杭州市人民政府授予公羊会公益救援促进会"最美杭州人"称号。

第二节　浙江省公羊队治理机制的优势分析

一　公羊队治理机制优势的主要因素

1. "行羊之善"的公羊精神

公羊队是一群有公益之心、有能力的青年人聚集在一起的社会救援组织，队员们无私奉献、淡泊名利，共同致力于公羊队发展的愿望与信念是公羊队组织软实力精神机制的主要内容。队员们都秉承着"扶危助难，救急维安"的精神理念，热心公益，无畏险情。如在 2015 年 10 月巴基斯坦地震救援中，因巴基斯坦复杂的政治环境，救援行动面临着未知的风险，队员们皆深知这一点，但在出发前仍自愿签下了"生死状"，随后毅然决然地前往巴基斯坦重灾区进行救援，并出色地完成了救援任务。正是因为队员们都怀揣着一颗"公益之心"，秉承着"行羊之善"的公羊精神，公羊队队员的身影才能活跃在国内外各个灾害救援的现场，公羊队才能不断进步和发展壮大。同时，也正是这股"公羊精神"把队员们紧紧凝聚在一起，成为公羊队高效运作及可持续发展的动力和保障。

2. 组织治理机制灵活高效

2016 年 5 月 29 日，公羊队接到杭州市政府通知，参与了"5·29"建德山体滑坡应急救援。公羊队设有 24 小时战备值班机制，在接到杭州市下城区人武部通知后紧急集合，在分发装备后第一批队员即刻出发，不到 3 个小时便抵达了灾害现场，到当地政府建立的现场指挥部报到。此次救灾公羊队主要负责寻找政府救援力量仍未找到的三名被埋人员。当天 17 点，第一名被困人员成功救出，19 点救出第二名。次日 6 点，公羊队又投入到了搜救工作中，当天中午成功救出第三名被困人员并将其送往医院。连续作战 24 小时左右，公羊队圆满完成救援任务。

可见，正是合理的组织机构设置、灵活的管理制度使得公羊队的组织治理机制能够灵活高效地运转，大大提高了救援的效率。公羊队的组织机构精简，各部门各司其职，相互配合，高效运作，所实行的战备值班机制，保证 24 小时皆有队员在基地职守，在得到救援信息的第一时间便能紧急召集队员、分发装备并按批次前往受灾地进行救援，相比于经过层层请示才能出动救援，公羊队的灵活机制确保了救援效率。

3. 沟通协调机制初步形成

2015 年 11 月的丽水山体滑坡救援中，在政府应急管理部门的主导和协调下，公羊队与蓝天救援队、丽水户外应急救援队、义乌市民间救援等十余支社会救援队通力合作，圆满完成了救援任务。良好的沟通协调机制使社会救援组织间的信息交互、合作交流更为通畅，有效地提高了救援效率、减少了组织间摩擦，并调动了各方工作积极性。

沟通协调指社会救援组织与社会其他主体的信息交互、合作交流的过程，良好的沟通协调机制可以有效地提高救援效率、减少摩擦、调动各方工作积极性。公羊队的沟通协调工作主要有与政府的沟通协调和与其他社会救援组织的沟通协调两个方面。在公羊队与政府管理部门的沟通协调方面，当灾害发生时，政府会紧急与公羊队取得联系，传达灾害信息，公羊队会迅速响应。到达灾区后，公羊队会到政府指挥部报到，听取灾情介绍，服从政府的指挥和调配，并为政府救援提供专业建议。双方"应急反应"阶段的沟通合作较为规范有序，平时的沟通协作机制有待加强。公羊队已与其他社会救援组织建立了非正式的沟通协作信息平台，各社会救援队之间会通过微信群分享交流灾害、救援经验、装备维护等信息。在救灾活动中，公羊队与其他社会救援组织，会在政府的统一调配下，交流信息，开展协作救援。

4. 相对完善的制度保障机制

公羊队的"24 小时公益急寻"项目①实施过程中，得到了政府购买服务和相关政策支持。其间，杭州市公安机关与公羊队建立了

---

① "24 小时公益急寻"项目，简称"24 小时公益急寻"，是由浙江省公羊会公益救援促进会（公羊队）面向社会发起的，为意外走失老人提供 24 小时公益慈善搜救的服务。

联动机制，协调公安民警与公羊队队员的专业搜救实施全方位应急搜救，实现了两者在信息交换、应急搜救上高效的配合，形成了公安民警与公羊队队员的搜救合力。同时，浙江省政府不断推行向社会组织购买公共服务制度。"24 小时公益急寻"项目正好符合国家"智慧城市、智慧养老"的理念，得到了政府的财政支持，将定位器服务范围进一步扩大，惠及了更多人群。2014 年，在第三届中国公益慈善项目大赛中，公羊队的"24 小时公益急寻"项目获得了"年度特别奖"，又获得了 10 万元资助金。

根据我们对浙江省民政厅救灾处的调查，政府部门还为公羊队提供了办公场地和设备。2017 年浙江省财政出资向人保公司为 100 家社会救援组织的 1000 名志愿者购买了 100 万元/人的人身意外伤害保险，其中包括公羊队救援队员 40 人。因此，政府的财政支持对浙江省公羊队的发展起着至关重要的作用。在政策支持方面，为了落实民政部《关于支持引导社会力量参与救灾工作的指导意见》，2016 年 12 月，浙江省民政厅出台了《关于推进社会力量参与防灾减灾救灾工作的实施意见》，鼓励和支持社会力量参与社会防灾减灾救灾工作。

5. 具有良好的社会支撑体系

良好的社会氛围，强有力的社会支持对社会救援组织的发展十分重要。企业、媒体、公众等社会主体间良好的互助协作关系是支撑公羊队发展的重要因素。公羊队"24 小时公益急寻"项目与杭州当地电台、电视台建立了稳定联系，在搜救过程中，公羊队会协助播报寻人启事，而公羊队刚推出智能定位产品——平安云时，《都市快报》《杭州日报》《浙江日报》《青年时报》等新闻媒体都介入帮助宣传，并为没有能力购买的弱势群体免费发放平安云智能定位器，推广平安云 24 小时公益急寻项目，让更多的人关注这些弱势群体，扩大了该项目的社会影响力。

二　公羊队参与机制优势的主要特征

根据上述分析，我们将公羊队参与机制优势的主要特征概括为以下四个方面：技术水平优良，管理机制灵活，资金保障充裕，发展环境宽松。

1. 技术水平优良

公羊队队员主要为来自全国各行各业的志愿者，每位队员都有自身的专业优势，拥有专业技能。如直接参与救援行动的队员中有退伍士兵、特种兵、户外运动爱好者等，这些队员皆具有过硬的身体素质和丰富的实战经验；负责医疗救援的队员本职是医生，有专业的救援知识；负责心理咨询的队员，也是专业的心理咨询师。此外，公羊队还具有特殊设备优势。

2. 管理机制灵活

相比于政府、部队出动救援需要层层请示，公羊队设有 24 小时战备值班机制，时刻响应，保障消息可以随时传达，在接收到消息的第一时刻，公羊队便可立即召集第一批队员赶往灾害现场进行救援，其余队员后续分批抵达。灵活的机制保障了救援的速度，大大提高了救援的效率。

3. 资金保障充裕

资金是社会救援组织发展最重要的条件之一。公羊队资金主要由公羊会公益基金会提供。公羊会是由何军创立的、具有独立社团法人资格的民间公益社团组织，主要开展赈灾救援、助老、助残、济困、助学等社会救助公益服务活动。主席团成员主要由十位爱心企业家组成，如表 10 - 2 所示。

表 10 - 2 公羊会主席团成员简介

姓名	公羊会职务	企业职务	主要社会兼职
何军	公羊会主席	浙江省宝石研究所董事长	中国青年志愿者协会常务理事；浙江省社会组织联合会副会长；浙江省救灾协会副理事长；浙江省青年联合会常委；浙江省侨联常委；杭州市总商会副会长；杭州市第十届、十一届、十二届人大代表。

姓名	公羊会职务	企业职务	主要社会兼职
陈刚	公羊会执行主席	科地财富集团董事长	浙江省新联会副会长；杭州市第十届政协委员；下城区第十四届人大代表；下城区总商会副会长；杭州市诸暨商会副会长；2013 年度荣获"浙江省知联之星"；杭州市政协委员。
洪紫林	公羊会副主席	坚持我的服饰股份有限公司董事长	杭州市服装行业协会副会长；杭州市青年企业家协会常务理事。
蔡杰	公羊会副主席	浙江九溪资产管理有限公司董事长	
侯军呈	公羊会副主席	珀莱雅化妆品股份有限公司董事长	杭州市乐清商会副会长；杭州市化妆品协会会长；湖州市政协委员。
方湛鑫	公羊会副主席	浙江哒伊沃进出口有限公司董事长	丽水市侨联副主席；丽水市侨商会副会长；丽水市政协海外委员；丽水市政协委员。
管建平	公羊会副主席	风雅颂扬文化传播集团董事长	高级美术师；浙江省第十一届政协委员；杭州市第十届、十一届、十二届人大代表；浙江艺术品鉴赏研究会会长；浙江知识界人士联谊会副会长。
赖国贵	公羊会副主席	浙江春风动力股份有限公司董事长	
吴刚	公羊会副主席	上海市佳利特实业有限公司	
吴建明	公羊会副主席	浙江济海贸易发展有限公司总经理	民建浙江省委委员；民建浙江省企业家协会副秘书长；民建浙江省青年企业家委员会副主任；民建省直第五支部主委。

　　表 10 - 3 是公羊会 2015 年的收支明细，从中可以看出，公羊会爱心企业家的捐助约占 95%。在除去组织日常开支和各项公益活动开销后，公羊会在年末还结余 136 万余元，这说明公羊队资金维持日常运转较为充裕。

表 10 – 3　2015 年浙江省公羊会公益基金会收入和支出明细

收入（单位：元）		支出（单位：元）		
捐赠收入	3086023.24	管理费用支出	工资	119246.5
其他收入	97000		办公经费	49010.36
政府收入	50000		总计	168256.86
		财务费用支出	706.31	
		业务会议成本	会议培训	27948
			总计	1703676.5
		慈善会	74500	
		差旅费	34775.2	
		户外救援	14560	
		爱心资助捐赠	792434	
		器械消耗品	132760	
		国际救援	181458.6	
		美儿	14343	
		折旧	22349.6	
		公益大学	91347.1	
		智能定位器	47600	
		暖冬行动	41883	
		其他费用	227720	
收入合计	3233023.24	支出合计	1872639.67	

注：数据来源于公羊会官方网站（http://www.ramunion.com/）。

4. 发展环境宽松

浙江省经济走在全国前列，民营经济发达，具有公益慈善观念并且有实力的企业家较多，政府对社会救援组织的发展问题也较为关注。2016 年 12 月，浙江省民政厅出台《关于推进社会力量参与防灾减灾救灾工作的实施意见》，进一步健全了浙江省防灾减灾救灾综合体系，完善了政府主导、社会参与的防灾减灾救灾工作格局。公羊队作为最早被纳入杭州市人民政府应急办城市应急救援体系中的户外应急救援队伍，其合法性得到了政府部门的认可，各项工作也得到了政府的有力保障。

第三节　典型案例剖析之一：浙江建德山体滑坡救援

一　救援活动概述

2016 年 5 月 29 日零点 10 分，一场突如其来的山体滑坡袭击了杭州建德市新安江街道横路自然村。顷刻之间，三户房屋完全倒塌，屋子里的五人失联，突发的险情牵动着全体杭州人民的心，抗险救援刻不容缓。公羊队于 29 日早上 7 点多接到了杭州市应急办及下城区人武部的救援要求，队长收到消息后立即召集队员紧急集合，在分发装备后第一批队员即刻出发，不到三个小时便抵达了灾害现场，到当地政府建立起的现场指挥部报到，立即投入到救援工作中。按照统一部署，公羊队主要负责寻找政府救援力量仍未找到的三名被埋人员。公羊队队员首先进行了勘察工作，山体滑坡后土质松散，很有可能发生二次灾害，为保障救援行动的安全开展，必须进行实地勘察，他们经过科学分析，确定了人员被埋的可疑点，进行人工破除。14 点，重型机械进场，公羊队队员因具有充足的专业知识和丰富的救援经验，担任了指挥挖掘机的角色。17 点，第一名被困人员成功救出，19 点救出第二名，由于搜救工作在夜晚无法开展，只能被迫中止。次日 6 点，"公羊队"又投入到了搜救工作中，当天中午成功救出第三名被困人员并将其送往医院，圆满完成任务，搜救行动到此顺利结束。

二　组织治理机制启示

第一，配合政府工作，服从统一指挥

社会救援组织是政府力量的补充，灾害发生时，必然要听从政府安排，协助政府救援队伍进行救援工作。公羊队抵达救援现场后与政府现场指挥部进行沟通，汇报所能提供的人力、物力、技能等情况，并为救援行动出谋划策。现场指挥部会根据救援队的自身实力进行救援任务分配，使救援力量最大程度地得到发挥。他们在实践中认识到，社会救援组织若不听从安排、擅自行动，便会导致救援力量浪费，救援秩序混乱等问题，阻碍救援行动的顺利开展。因此，每次救援行动开展之前，公羊队都及时向当地政府了解灾情和救援需求，服从政府的指挥与安排，使救援效率达到最大化，充分发挥了社会救援组织的补充作用。

第二，增强业务技能，发挥更大作用

虽然公羊队的队员绝大多数都是来自各行各业的志愿者，但每位队员在成为正式队员之前都通过了层层选拔和严格考核，之后每年参加专业技能培训考核。公羊队队员不但拥有扎实的理论知识和强健的身体素质，还拥有丰富的实地救援经历，积累了许多宝贵的救援经验。充足的专业知识和丰富的救援经验使公羊队在救援工作中总能将其效用最大化，推进救援工作的稳步开展。

第三，拓宽信息渠道，保障信息畅通

对社会应急救援组织而言，救援信息的获取速度直接影响到了救援行动的最终效果，及时获取有效的救援信息至关重要。公羊队目前的信息获取主要有以下四个渠道：相关政府单位如人武部、市长热线等上级直接与公羊队联系，请求救援；公羊队队员时刻关注网络媒体信息，自行了解；社会救援组织之间互相交流，及时分享救援信息；利用科学技术进行预测，对灾害多发地区加大关注，尽可能保证在灾害发生地第一时间获取信息。除了信息获取渠道的多元化，公羊队还实行战备值班机制，时刻响应，保证 24 小时信息通畅。多元化的信息获取渠道及战备值班机制的实行，使得公羊队能够迅速获取全国乃至全球各地的灾情信息并及时赶赴灾害现场参与救援。

第四，密切媒体沟通，传播防灾知识

随着科学技术的发展，自然灾害的监测预报越来越准确。若在灾害发生前将危险区域的人员进行撤离，便能保证人员的安全，大大降低灾害带来的人身及财产损失。公羊队队员在实践中发现，个别群众仍抱有侥幸心理，存在不配合的情况。同时，在救援过程中需要封锁现场，必须及时迅速说服受灾人员服从统一指令。因此，救援组织应该与媒体密切合作，加大防灾救灾知识的宣传，提高民众的防灾意识，配合救援行动的开展。例如，公羊队的"24小时公益急寻"项目得到了媒体的大力支持。在推出定位产品 Backey时，《都市快报》《杭州日报》《浙江日报》《青年时报》等新闻媒体积极宣传。在24小时急寻过程中，杭州当地电台、电视台及时播报寻人启事，提高了搜寻速度。

第四节 典型案例剖析之二："24小时公益急寻项目"

"24小时公益急寻"项目是由浙江省公羊队面向社会发起的，为意外走失老人提供24小时公益慈善搜救的服务。在该项目中，公羊队不仅出动救援人员寻找走失的失智老人，还会针对失智老人发放平安云定位器，安排志愿者安装及教授使用，依靠平安互动APP，精准范围，实现线上线下全城搜寻。此外，公羊队还会为杭城阿尔茨海默病（老年痴呆症）患者建立准确、完善的电子档案信息，确保失智老人走失后能通过信息库信息快速确认老人身份将其尽早送回家。

一 项目概况

1. 诞生背景

进入社会老龄化后，失智老人走失的问题也日趋严重。报告显示，2010年我国有超900万人患有痴呆症，其中阿尔茨海默病患者为569万，且患病数量还在不断攀升中。目前，杭州有6万多失智老人，平均每天都有一两起失智老人走失的案件，仅西湖区一年就接到70余起。由于警力有限，失智老人的寻找困难重重。他们的安全问题不仅牵动着家属的心，也牵动着社会的神经。

公羊队在成立初期，除了参与山林山难救援，还不定期参与一些寻找失智人员活动。在总结前期实践经验基础上，2012 年 12 月，公羊队正式启动了公益急寻项目，将搜寻城市失智老人当成公羊队的常态工作。根据组织自身的特点和能力范围，公羊队将项目的服务对象确定为"家属到派出所去报警且在 24 小时内走失的人员"。24 小时内警方没有多余警力帮忙搜寻，一般只会登记一下信息，但对于失智老人来说这正是寻找的黄金时间，且走失时间越短越利于寻找，搜索的范围也越小，公益急寻队伍的介入显得十分必要。由此，该项目被定名为"24 小时公益急寻"。

2. 成长历程

初期，"24 小时公益急寻"项目采用的是队员陪伴家属寻找老人的方式。随后，为提升效率，公羊队在杭州市各个区建立了"区大队"，每个区域的成员负责寻找自己辖区走失的老人。到目前为止，已经有近 300 人加入了各区域的"区大队"。但是人力搜寻的力量毕竟有限，2014 年为了加大寻找走失老人的概率，公羊队决定运用科技的力量帮助失智老人，委托科技公司研发出了一款定位产品，名为"Backey"，寓意"回家的钥匙"。Backey 由硬件挂件（Backey 挂件）和软件系统（平安云）两部分组成。Backey 挂件是基于成熟的 GIS 数字地理系统和定位技术的定位器，采用了 GPS（卫星定位）、LBS（基站定位）、WIFI 定位、蓝牙定位和 A-GPS（网络辅助定位）五重定位技术，而平安云则是一款操作简单的 App 软件。有了这项产品，公羊队每次急寻活动所需队员的数量减少了，但救援成功率却大幅提高了。

公羊队"24 小时公益急寻"项目成绩斐然。截至 2016 年 11 月，累计接警 93 次，出警 51 次，找回 34 位失智老人，发动志愿者走访、结对慰问孤寡老人 837 户，为全国 8000 名孤寡、失智老人免费安装了智能定位器，2016—2017 年让杭州 6 万多名失智老人受益，逐步覆盖浙江省及全国各地。该项目先后获得："第三届中国公益慈善项目大赛年度特别奖"、实施类"百强项目""责任中国 2014 公益盛典公益行动奖"等。此外，还曾接受了日本最大广播电视机构 NHK 为期半月的跟踪报道。

二　经验与启示

"24 小时公益急寻"项目体现出社会救援组织的成功经验与启示主要有以下几个方面。

第一，紧跟政策导向，积极寻求政府的支持与帮助

公羊队 "24 小时公益急寻"项目的成功离不开政府的制度保障。目前，公羊队已与公安系统建立了联系。当发生失智人员走失事件时，派出所会将失踪案通告给公羊队，或建议失踪者家属向公羊队寻求帮助。同时，为了让社会组织发展有更广阔的空间，下城区制定了政府购买社会组织服务办法，编制了转移事项目录、购买服务目录及有承接能力的社会组织目录和具体操作流程，明确每年民政、教育、计生、科技、卫生、司法等政府职能部门，用于向社会组织购买服务的资金总计不少于 2000 万元，逐步建立 "政府购买、合同管理、服务量化、绩效追踪、评估考核"的新型公共服务提供模式。"24 小时公益急寻"项目正好符合国家政策及智慧城市、智慧养老的理念，在公羊队的努力下，该项目得到了政府的支持。政府通过购买服务的方式，将定位器服务范围进一步扩大，惠及了包括残疾人士、敬老院人士等更多的人群。此外，政府还会牵头承办一些公益慈善项目评比大赛，选出优秀、有发展前途的项目给予资金和政策支持。2014 年，在第三届中国公益慈善项目大赛中，公羊队申报的 "24 小时公益急寻"项目获得了 "年度特别奖"，成为浙江省唯一获奖的项目，得到了 10 万元资助金。

2014 年浙江省政府公布《浙江省人民政府办公厅关于政府向社会力量购买服务的实施意见》，对政府购买服务工作进一步部署。2015 年 8 月，民政部制定印发《关于支持引导社会力量参与救灾工作的指导意见》旨在进一步加强体制机制创新，营造社会力量有序参与救灾的政策环境和活动空间，促进社会力量更好地发挥作用。政府对公羊队等社会救援组织的制度保障不断完善，购买公共服务不断推进，但政府购买服务的目录里多为扶贫、扶残和环境保

护，对于应急救援的购买较少，资金与政策支持力度也与社会救援组织所需有较大差距，仍需进一步协调。

第二，重视行业交流，加强社会救援组织间的互助协作

社会救援领域同行业间的互助也对"24 小时公益急寻"项目进一步扩大发展有重要作用。公羊队的"24 小时公益急寻"项目对全国所有的社会救援组织开放合作，向符合发放条件的失智人群免费发放定位器，而对于不符合条件的，则采取商业购买的模式，并把利润让给合作的救援队，这推动了"24 小时公益急寻"项目影响范围的进一步扩大。但同时，各救援队在争取服务范围而进行竞争的过程中，因缺少协调，也存在一些冲突和摩擦，这在一定程度上造成了救援资源的内耗，阻碍了对公益服务的顺利开展。

第三，建立联动机制，促成政府、社会、家庭间的良性沟通

"24 小时公益急寻"项目还实现了家庭、社会、政府的联动机制，良好的沟通协调机制促成了该项目的顺利实施。该项目建立了一套标准化的作业流程，从收到信息后派出队员和家属沟通，填写报警单，陪同家属报案，再到进行监控调看，路面寻找，协助家属与媒体沟通等，让家庭、社会、政府间分工更为明确，信息流通更为通畅，形成良性互动。平时，公羊队还会通过社区主动与失智老人家属取得联系，并免费发放定位器。今后，公羊队会与政府相关部门建立常态和规范的信息交流平台。

第四，主动与媒体合作，获得公众的关注与支持

企业、媒体等社会力量是支持"24 小时公益急寻"项目不断创新发展的重要因素。在企业支持方面，公羊队的主要资金来源是何军等公羊会爱心企业家的捐赠，在"24 小时公益急寻"项目中，研发 Backey 定位产品前期投入的巨额资金就是由他们提供的。在媒体支持方面，杭州当地电台、电视台已与公羊队建立了联系，在24 小时急寻过程中会协助播报寻人启事，而公羊队刚推出定位产品 Backey 时，《都市快报》、《杭州日报》、《浙江日报》、《青年时报》等新闻媒体都提供帮助介入宣传，为没有能力购买的弱势群体免费发放平安云智能定位器，推广平安云"24 小时公益急寻"项

目，让更多的人关注到这些弱势群体，扩大了该项目的社会影响力。此外，在政府的引导下，2016年平安产险发布了首个专门针对救援人员的平安中国救援保险，这是保险行业对社会救援组织救援队员的安全支持。

总之，政府保障、行业互助、社会支持以及协调沟通工作这四方面是促成公羊队"24小时公益急寻"项目成功的重要因素。此外，我们同样不能忽视公羊队队员高尚的个人品质，正是他们不懈努力，与人为善、无私奉献的公益之心支撑着"24小时公益急寻"项目越走越远，惠及更多的人群。

第五节　浙江省公羊队治理机制的经验与启示

在分析浙江省公羊队的成长经历和工作成绩，剖析其参与减灾救灾的典型案例基础上，总结公羊队参与社会防灾减灾救灾工作的机制优势，既可以在实践中借鉴公羊队的成功经验，也是对本研究理论结论的检验。

一　政府提供了比较完善的制度保障

政府制度保障为公羊队等社会救援组织发展创造了良好的社会环境，对促进社会力量参与防灾救灾工作起着至关重要的作用，这主要表现在以下几个方面。

第一，政府政策保障激发社会救援组织参与热情

2013年浙江省民政厅率先在全国实行行业协会的商会类、科技类、公益慈善类、城乡社区服务类四类社会组织的直接登记，下放了基金会登记管理权限。准入门槛的降低，有效解决了一大批社会公益组织长期以来合法身份的问题。2015年省委、省政府出台《关于加快推进现代化社会组织体制建设的意见》，对社会组织的直接登记、培育扶持、购买服务、监督管理等做出制度设计，进一步激发了社会救援组织的参与热情。公羊队作为最早经过杭州市体育局、杭州市民政局共同发文批准认可，并纳入杭州市人民政府应

急办城市应急救援体系的一支专业户外应急救援队伍，是众多社会救援组织的典范性代表。

第二，政府补助和购买公共服务为社会救援组织发展提供资金支持

2014 年浙江省政府公布《浙江省人民政府办公厅关于政府向社会力量购买服务的实施意见》，进一步部署政府购买服务工作。完善的政府购买服务制度对社会救援组织的发展发挥积极作用。以公羊队为例，政府对其"24 小时公益急寻"项目实施了政府购买，使其惠及更多人。同时，政府也以购买公共服务的方式委托公羊队做一些公益讲座、公益培训，向社区民众宣传防灾救灾知识。政府购买公共服务不但能够有效缓解社会救援组织的资金紧张，还能扩大公益行动的服务范围，可谓一举多得。

第三，政府对社会救援组织的扶持和监管促使其平稳有序发展

2014 年浙江省发布全国第一个《社会组织建设规范》省级地方标准，对法人资格、内部治理、组织评估、信息公开等做出具体规定，推动社会组织规范化建设。2015 年浙江省民政厅印发《关于进一步加强社会组织信用信息应用的通知》，着力在全省构建社会组织守信激励和失信惩戒机制。政府的扶持和监督为公羊队等社会救援组织的管理提供了制度依据，为其发展营造了良好的制度环境，并在一定程度上引导社会救援组织加强自律自治，规范救援活动。

二 组织治理机制相对灵活高效

组织治理机制是社会救援组织治理机制中的重要组成部分，主要包括组织机构设置、制度运作以及组织精神等方面，其在很大程度上决定了一个社会救援组织的发展前景。

公羊队的组织机构精干，设总队长、参谋长、秘书长各一名，下设"六部五队"，各部门各司其职，相互配合，高效运作。同时，公羊队机制运作灵活，其所实行的战备值班机制，保证 24 小时皆有队员在基地职守，在得到救援信息的第一时间便能紧急召集

队员、分发装备并按批次前往受灾地进行救援，相比于经过层层请示才能出动救援，公羊队的运作机制很大程度上提高了救援的速度和效率。

此外，公羊队队员一直秉承着"扶危助难，救急维安"的精神理念。公羊队的救援行动都是无偿的，而又有很多救援行动是极其困难和危险的，但公羊队的队员从未有过临阵脱逃的情况，组织成员积极性很强。

合理的组织机构设置、灵活的机制以及队员们无私奉献的精神使得公羊队的组织治理机制能够灵活高效地运转，大大提高了救援的效率。

三　初步形成与其他社会组织的协调机制

沟通协调是指社会救援组织与社会其他主体的信息交互、合作交流的过程，良好的沟通协调机制可以有效地提高救援效率、减少摩擦、调动各方工作积极性。公羊队的沟通协调机制主要有与政府的沟通协调和与其他社会救援组织的沟通协调两个方面。

在公羊队与政府管理部门的沟通协调方面，当灾害发生时，政府会紧急与公羊队取得联系，传达灾害信息，公羊队会迅速响应。到达灾区后，公羊队会到政府指挥部报道，听取灾情介绍，服从政府的指挥和调配，并为政府救援提供专业建议。双方"应急反应"阶段的沟通合作较为规范有序，平时的沟通协作机制有待加强。

在公羊队与其他社会救援组织的沟通协调方面，各社会救援队间会通过微信群分享交流灾害、救援经验、装备维护等信息，下一步有待建立正式规范、信息畅通的平台，使组织间的沟通协调更为常态化和制度化。

四　具有良好的社会支撑条件

社会是救援组织成长的土壤，良好的社会氛围，强有力的社会支持对社会救援组织的发展十分重要。公羊队得到的社会支持主要来自企业与媒体。

在企业支持方面，公羊队的主要资金来源就是社会爱心企业家的捐助，他们不但为公羊队提供日常运行资金，还会提供用于高科技救援设备和公益服务装备研发的资金，是维系公羊队生存与发展的重要支撑。此外，国内一些保险公司近期也面向公羊队等社会救援组织发布了专门针对救援人员的救援保险，为救援人员的生命安全提供了更多的保障。在媒体支持方面，公羊队与杭州本地多家报社、电台、电视台有合作关系，这些媒体助力公羊队开展日常公益活动，帮助其进行形象宣传。

本章对浙江省公羊队防灾救灾的典型案例进行了实证分析。在介绍浙江省公羊队发展成就和机制优势的基础上，具体剖析了"浙江建德山体滑坡救援"和"24 小时公益急寻"项目两个典型案例。通过总结浙江省公羊队组织治理机制的经验与启示，对本书的主要理论研究结论进行了实证检验。

第十一章　研究总结与展望

第一节　研究总结

一　主要研究结论

本书基于网络化治理理论和探索性案例分析，运用扎根理论分析、问卷调查和统计分析等方法，研究社会救援组织的社会责任及其治理机制。主要研究结论和政策启示可以概括为以下几点。

1. 社会救援组织承担社会责任具有重要意义

首先，社会救援组织是防灾减灾救灾体系的重要组成部分。防灾减灾救灾体系的完善，需要包括社会救援组织在内的各类社会主体的积极参与。随着我国经济社会快速发展，社会力量逐渐发展成长为救灾工作的一支重要力量，在现场救援、款物捐赠、物资发放、心理抚慰、灾后恢复重建等方面发挥了重要作用。其次，社会救援组织有助于促进政府职能的转变。近年来，我国社会救援组织的发展壮大和积极参与，对于减轻政府救灾压力和财政负担，促进政府职能的转变都起到了积极作用。社会救援组织的发展在加速政府职能转变，并有效弥补其缺陷的过程中，组织自身也得到发展和完善，更好地承担社会责任。其三，社会救援组织有利于推动社会治理体系和治理能力的现代化。实现基层社会治理现代化是推进国家治理体系和治理能力现代化的应有之义和重中之重。社会救援组织的技术优势和组织特点可以弥补政府救援力量的局限性，在满足基层公众需求多样性和特殊领域应急救援中，具有不可替代的作用。社会救援组织的这些特点有助于推动基层社会治理体系和治理能力现代化。最后，社会救援组织有利于倡导和塑造全民公益的社会风尚。社会救援组织的救援事迹，将他们无私奉献、服务社会的理念和价值观传播给社会，起到了榜样和示范效应，在一定程度上增强了民族向心力和凝聚力。政府和社会各界对社会救援组织及其公益行为应该积极鼓励，大力倡导，营造积极向上、团结互助和全民公益的社会氛围。

2. 社会救援组织具有承载社会责任的机制优势

第一，社会救援组织具有自主性、灵活性，反应迅速，效率高。社会救援组织具有结构简单、机动性强的优势，可以在灾害发生的第一时间获取受灾信息，拓宽信息采集渠道，开展专业的救援工作，争取救援时间，挽救更多人的生命。第二，社会救援组织救援队员的职业背景对于应急救援具有独特优势。社会救援组织的救援队员主要由复转军人、企业的民兵预备役人员、医务人员、山地水上户外运动爱好者等各类具备相关专业知识和特长的人组成。他们对于在特殊地形开展救援行动有着丰富的专业知识和实战经验，可以为救援活动提供许多建设性建议，若能发挥其积极作用，灾害处置的效果大大提升。社会救援组织在社区安全服务、山地搜寻等特殊领域的防灾减灾救灾工作具有专业优势。第三，社会救援组织贴近人民群众的日常生活，可以满足个性化的救灾需求。政府在实施救灾活动时，因资源限制，无法对灾民的个性化需求做出及时反应，社会救援组织的介入弥补了这一缺陷，让救灾活动更为人性化和有针对性。

3. 社会救援组织的治理机制有待于完善和创新

目前我国社会救援组织参与防灾减灾救灾过程中存在主要机制问题。这些问题主要表现在组织运作资金短缺、专业化水平有待提高、政府支持力度有待加强和社会发展环境有待改善等几个方面。社会救援组织的运行机制，与相关社会主体的协调，及其外部社会发展环境都存在诸多问题，限制了其组织规模的发展壮大和组织职能的发挥。如何正确处理社会救援组织和政府职能部门、政府专业救援力量、行业协会和服务机构、社会公众的相互关系，不断完善和创新社会救援组织治理机制，是关系到社会救援组织健康发展的迫切问题。本书运用社会网络和扎根理论分析方法构建了社会救援组织参与机制网络化治理概念模型，归纳出完善社会救援组织治理机制的四个主范畴，即"制度保障机制""组织治理机制""沟通协调机制""社会支持机制"。

（四）必须构建社会多元联动的防灾减灾救灾网络

应该坚持积极培育、鼓励支持、统筹协调、引导规范、完善监督、自愿自助的社会救援组织治理原则。制定和完善社会力量参与防灾减灾救灾的政策法规、行业标准、行为准则，搭建社会救援组织的协调服务平台和信息导向平台。鼓励支持社会力量全方位参与常态减灾、应急救援、过渡安置、恢复重建等工作，构建社会化防灾减灾救灾格局，实现由政府单一主体向社会多元联动的防灾减灾救灾网络化治理模式转变。基于扎根理论分析的结论和美国社会救援组织治理的经验借鉴，强化社会救援组织社会责任的网络化治理措施主要应该从五个方面着手：完善制度框架，升级网络类型；构建信息平台，打造多元联动网络；强化组织治理机制，提升救援水平；增强企业社会责任，拓展网络资源；优化激励机制，形成良好发展氛围。这是本书提出的主要政策建议。

二　主要创新点

概括起来，本书的创新性主要体现在以下几点。

1. 基于社会救援组织分析 NPO 的社会责任

本书以 NPO 中的社会救援组织为研究对象，分析当前我国 NPO 承担社会责任的重要意义和机制优势。通过揭示社会救援组织网络化治理机制优势及其问题，提出强化社会救援组织社会责任的网络化治理机制的对策和建议，旨在探讨 NPO 如何更好承担其社会责任，完善社会治理体系。

2. 探索社会救援组织的治理机制

本书旨在探索社会救援组织的网络化治理机制。社会救援组织是社会组织的重要组成部分，近年来随着专业化程度的提高和管理体系的完善，在防灾减灾救灾体系中扮演着越来越重要的角色。如何正确处理社会救援组织和政府职能部门、政府专业救援力量、行业协会和服务机构、社会公众的相互关系，更好地发挥社会救援组织的机制优势，不断完善国家防灾救灾体系的组织网络，加快实施社会救援组织治理的标准化战略，是当前社会治理面临的一项重要而紧迫的任务，也是社会组织研究中一个重大理论课题。

3. 拓展网络化治理理论的应用领域

网络化治理理论作为公共管理发展的新趋势，契合了社会救援组织治理的需要。把社会救援组织置身于政府、公众和其他社会组织共同构成的组织网络中，研究其治理机制问题，既是当前完善我国社会治理体系的现实需要，也可以不断拓展网络化治理理论应用领域，丰富其理论内涵。

4. 创新公共危机管理的研究视角

毋庸置疑，政府是公共危机管理的主导者，但不是也不应该是唯一主体。随着我国经济社会的转型发展，社会组织在公共危机管理的主体中占据越来越重要的位置。实现由政府单一主体向社会多元联动的防灾减灾救灾网络化治理模式转变，是公共危机管理研究的新视角。

第二节　研究展望

一　存在问题与不足

1. 网络化治理模式与方法有待完善

本书运用社会网络分析方法，理论研究与实证调研相结合，揭示了我国社会救援组织治理机制的优势与不足，提出了社会救援组织的网络化治理措施。但是，尚未提出如何落实这些措施的方法，需要紧密联系我国社会实际，进一步分析社会救援组织网络化治理的模式，针对不同社会主体提出完善社会救援组织网络化治理的方法。

2. 扎根理论分析有待深化

本书主要基于蓝天救援队和浙江省公羊队的典型案例资料，对社会救援组织的治理机制展开扎根理论分析。原始资料和数据还有待进一步充实完善，需要在进一步深入调研的基础上，定性分析与定量分析相结合，深入分析社会救援组织治理机制的内在机理，充实扎根分析的原始资料，完善社会救援组织治理机制主范畴的概念内涵。

3. 研究视野有待拓展

本书的实证基础，限于客观条件，在概括国内外社会救援组织治理机制的研究现状基础上，主要聚焦于蓝天救援队、浙江省公羊队和美国的社会救援组织。需要进一步调查和比较我国不同社会救援组织的治理机制特点，增强研究结论的信度和效度；进一步借鉴和吸收国际先进经验，针对我国实际，提高政策的先进性和针对性。

4. 研究的社会基础与环境需要与时俱进

本书依据的原始资料与社会基础，大多数截至 2017 年底。就在本书出版过程中，我国的应急管理体制进行了重大改革，成立了应急管理的综合职能部门，社会救援组织发展的社会体制与环境发生了显著变化。研究结论有待根植于社会土壤不断完善。

二　下一步研究计划

1. 进一步深化理论机理研究，确立治理模式与方法

在本书的基础上，针对社会救援组织的网络化治理机制措施，区分我国不同类型的社会救援组织特点，进一步研究社会救援组织网络化治理的模式，分别针对社会救援组织、政府部门、行业组织和社会公众等不同社会主体提出完善社会救援组织网络化治理的具体方法。

2. 进一步调研社会救援组织，充实完善原始数据资料

扎根理论分析的主要原理就是运用实证资料构建理论框架，通过归纳和逻辑分析，在对原始数据的对比分析中总结出理论概念。

为了提高研究结论的科学性，拟增加案例数量，充实原始数据和资料，从不同典型案例的对比分析中概括归纳社会救援组织治理机制的主范畴。从而进一步完善社会救援组织网络化治理机制的概念模型。

3. 进一步拓展研究对象，提高研究结论的信度与效度

社会救援组织作为我国近年来的新兴社会组织形态，具有作为社会组织的特点和规律。同时，也应该认识到我国的国情和社会特点，社会救援组织出现时间比较短，还处于不成熟、不规范的成长阶段。因此，需要拓展社会救援组织研究对象的地域范围和组织类型。同时，借鉴不同国家社会救援组织治理的经验，进一步提高研究结论的信度和效度。

参考文献

陈浩：《详解美国救灾机制：紧急救援程序与 NGO 的力量》，《21世纪经济报道》2008 年 1 月 30 日第 008 版。

陈家刚：《协商民主：协商民主引论》，上海三联书店 2004 年版。

陈剩勇、于兰兰：《网络化治理：一种新的公共治理模式》，《政治学研究》2012 年第 2 期。

邓萱：《欧盟民防机制经验及其借鉴》，《中国安全生产科学技术》2012 年第 1 期。

丁元竹：《美国人为何喜欢献爱心》，《招商周刊》2005 年第 50 期。

杜媛媛：《论当代中国非营利组织的诚信建设》，博士学位论文，吉林大学，2007 年。

段雅楠：《应急救援科技为先》，《现代职业安全》2015 年第 10 期。

冯先灵：《培育国民公益意识与发展民间公益组织的关系》，《新西部》2008 年第 8 期。

高路、胡永华：《非政府组织参与灾害救援的国际比较研究》，《实用心脑肺血管病杂志》2012 年第 1 期。

高燕：《从社会管理视角看日本社会的防灾应急制度体系与对策》，《浙江社会科学》2011 年第 6 期。

高正：《揭秘美国红十字会》，《公益时报》2015 年 9 月 8 日。

韩俊杰：《社会公益组织生存日益窘迫，不足 30% 能生存超两年》，《中国青年报》2014 年 1 月 6 日第 06 版。

韩兆柱、李亚鹏：《网络化治理理论研究综述》，《上海行政学院学报》2016 年第 4 期。

何植民、齐明山：《网络化治理：公共管理现代发展的新趋势》，《甘肃理论学刊》2009 年第 3 期。

胡蓉：《我国非营利组织志愿者的管理研究》，博士学位论文，西南交通大学，2005 年。

胡秀英：《日本的灾害综合性支援及其启示》，《华西医学》2009 年第 2 期。

胡正诚：《公益组织的正当影响力》，《IT 经理世界》2007 第 15 期。

姜晓萍、焦艳：《从"网格化管理"到"网格化治理"的内涵式提升》，《理论探讨》2015 年第 6 期。

康晓强：《公益组织参与灾害治理研究》，博士学位论文，复旦大学，2010 年。

李维安、林润辉、范建红：《网络治理研究前沿与述评》，《南开管理评论》2014 年第 5 期。

李维安等：《网络组织：组织发展新趋势》，经济科学出版社 2003 年版。

李忻祖、王卫东、霍荣棉等：《标准化在社会救援组织治理中的作用研究》，《中国标准化》2019 年第 3 期。

刘波、王彬、姚引良：《网络治理与地方政府社会管理创新》，《中国行政管理》2013 年第 12 期。

刘波、王力立、姚引良：《整体性治理与网络治理的比较研究》，《经济社会体制比较》2011 年第 5 期。

刘春湘：《非营利组织治理结构研究》，博士学位论文，中南大学，2006 年。

刘洪涛，潘银磊：《非政府组织与我国和谐社会的构建》，《湖北省行政管理学会 2007 年年会论文集》2007 年。

刘轩：《日本灾害危机管理的应急对策体制》，《南开学报》（哲学社会科学版）2016 年第 6 期。

刘选国：《从美国 NVOAD 看中国"4·20"救灾联盟的未来》，2013 年 10 月 31 日，求是理论网（http://www.qstheory.cn/zl/

bkjx/201310/t20131031_ 284692. htm）。

刘选国：《美式"救灾联盟"启示如何做公益》，《新华每日电讯》2013 年 10 月 30 日。

龙献忠、蒲文芳：《基于网络治理视角的社会管理创新》，《湖南社会科学》2013 年第 6 期。

卢文刚、张宇：《中国社会救援组织现状、特点及发展困境——基于中国紧急救援联盟的分析》，《学会》2013 年第 4 期。

卢文刚、张宇：《中国社会救援组织现状、特点及发展困境》，《学会》2013 年第 4 期。

罗鑫：《山东省民间户外救援组织研究》，硕士学位论文，山东体育学院，2015 年。

闵凌欣：《草根组织：松绑之后，不能松懈》，《福建日报》2014 年 4 月 21 日。

彭正银：《网络治理理论探析》，《中国软科学》2002 年第 3 期。

任琦：《中国社会公益组织企业化运作的可行性分析》，博士学位论文，北京交通大学，2008 年。

孙东东：《建立社会救援组织机制》，《视点》2012 年第 8 期。

孙健：《网络化治理：公共事务管理的新模式》，《学术界》2011 年第 2 期。

孙健、张智瀛：《网络化治理：研究视角及进路》，《中国行政管理》2014 年第 8 期。

王帝：《中国众多社会公益组织因无法登记注册成"黑户"》，《中国青年报》2010 年 12 月 14 日。

王妮丽：《关于阻碍我国公益捐赠的因素分析》，《社会科学论坛（学术研究卷）》2006 年第 10 期。

王卫东、高璐、霍荣棉：《"一带一路"倡议与〈2020 年欧盟领土议程〉的战略对接》，《中国人民大学复印报刊资料〈区域与城市经济〉》2017 年第 1 期。

王歆效：《当梦照进现实》，《现代职业安全》2009 年第 7 期。

王煜：《民间救援：走出"野蛮生长"》，《新民周刊》2015 年 4 月

15 日。

吴新叶：《灾害管理中的非营利组织参与：政府规制的限度与取向——以美国为对象的比较研究》，《社团管理研究》2011 年第 4 期。

肖超：《减灾救灾的社会参与机制重建》，《江西社会科学》2013 年第 2 期。

许飞琼、华颖：《举国救灾体制下的社会参与机制重建财政研究》，《财政研究》2012 第 6 期。

许志峰：《中央财经领导小组办公室负责人详解十八届三中全会亮点》，《人民日报》2013 年 11 月 15 日。

薛澜：《国家应急管理体制建设：挑战与重构》，《改革》2005 年第 3 期。

严若森、钱晶晶：《网络治理模式创新研究——阿里"合伙人"与海尔"小微创客"》，《科学学与科学技术管理》2017 年第 1 期。

杨凯：《社会救援组织建设与政府管理模式创新》，《人民论坛》2014 年第 17 期。

游志斌：《美国防灾性社区的创建机制与启示》，《理论前沿》2006 年第 4 期。

于兆吉，张嘉桐：《扎根理论发展及应用研究评述》，《沈阳工业大学学报》（社会科学版）2017 年第 1 期。

余志伟、张保胜：《网络治理的理论基础研究综述》，《统计与决策》2010 年第 23 期。

张康之、程倩：《网络治理理论及其实践》，《公共管理科学》2010 年第 6 期。

张亚丽：《美国灾害医疗救援队》，《中华灾害救援医学》2016 年第 12 期。

朱国云：《特大危机管理中的政府防治与社会救援》，《江海学刊》2004 年第 1 期。

朱立言、刘兰华：《网络化治理及其政府治理工具创新》，《江西社会科学》2010 年第 5 期。

［美］弗朗西斯·福山：《社会资本、公民社会与发展》，《马克思主义与现实》。

［美］斯蒂芬·戈德史密斯（Stephen Goldsmith）、威廉·D. 埃格斯（William D. Eggers）：《网络化治理：公共部门的新形态》，北京大学出版社 2008 年版。

April Carte and G. Stokes E. D., Deliberative Democracy, *Democracy Theory Today*, Policy Press, 2000.

Bingham L. B., Nabatch T., O'Leary, The New Governance: Practices and Processes for Stakeholder and Citizen Participation in the Work of Government, *Public Administration Review*, 2005: 65 (5).

EMA. Hazards, *Disasters and Your Community*, 6th ed., Canberr Common Wealth of Australia, 2003.

Fischinger Janez, Fischinger Ales, Fischinger Dusa: Health Resort Opatija Volunteer Fire Brigade and Rescue Society, *Acta Medico-Historica Adriatica*, 2011 (1).

Geoff Segal and others, Privitization 2002, Annual Privitization Report, Los Angies, Reason Public Policy Institute, 2003: 30 – 31.

Glaser B. G., Strauss A. L., The Discovery of Grounded Theory, *Strategies for Qualitative Research*, Chicago: Aldine, 1967: 56 – 70.

Glaser B. G., *Doing Grounded Theory: Issues and Discussions*, Mill Valley: Sociology Press, 1998: 78 – 90.

Mozfi Mohammad Amyan, The Impact of Training on the Performance of Employees Case Study Search and Rescue Team: Jordanian Civil Defense, *International Business and Management*, 2016 (3).

Pirson M., Turnbull S., The Future of Corporate Governance: Network Governance, a Lesson from the Financial Crisis, *Human Systems Management*, 2015, 34 (1): 81 – 89.

Weidong Wang, Rongmian Huo, Regional Innovation Performance Evaluation based on EIS, *Boletín Técnico*, Vol. 55, Issue 4, 2017: 94 – 101.

Weidong Wang, Simona Picciau, How to Strengthen EU-China Cooperation Based on Belt and Road, *Journal of International Relations*, Security and Strategy, Vol. 13 (1): 21 – 33, 2018.

Weidong Wang, Jiliang, Zou, A Grounded Analysis of Participation Mechanisms of Social Rescue Organisations in China Following the Wenchuan Earthquake, *International Journal Emergency Management*, Vol. 15 (3): 255 – 275, 2019.

附录1 社会救援组织参与社会防灾救灾机制调查问卷

尊敬的女士/先生：

您好！我们是健全社会救援组织，完善社会防灾救灾网络课题组，希望了解当前社会大众对社会救援组织（以公羊队为案例）的了解支持度的情况，特此行此问卷调查。

问卷中所有信息都将被严格保密，您可放心填写！感谢您的参与！

1. 您的性别是：[单选题]

○男　　　　　　　　○女

2. 您的年龄：[单选题]

○20 岁以下　　　　○20—30 岁　　　○30—40 岁

○40—50 岁　　　　○50—60 岁　　　○60 岁以上

3. 请问您所在贵单位的性质是？[单选题]

○个体工商　　　　○企业　　　　　○事业

○党政机关　　　　○街道社区　　　○学生

○其他从业或待业人员

4. 您是否参加过任何形式的，比如志愿者、公益帮扶等之类的公益活动？[单选题]

○从未参加过　　　　　　　　○1—3 次

○4—6 次　　　　　　　　　○6 次以上

5. 您是否有过公益行动的意愿与想法呢？[单选题]

○经常　　　　　　　　　　○偶尔

○从不　　　　　　　　　　　　○不清楚

6. 您参加公益活动中遇到的最主要的阻碍因素是什么？ ［单选题］

　　○知识技能　　　　○时间经济　　　○讯息渠道

　　○人际社交　　　　○其他

7. 假设您正要参加一个公益活动，您最愿意为哪类人提供帮助？ ［多选题］ _____

　　□灾难受害者（地震、台风等）　　□家境极度贫困者

　　□重大疾病无钱医治者　　　　　　□无人赡养的无劳动能力者

　　□失业下岗人群　　　　　　　　　□其他

8. 您更愿意参加由哪些主体发起的公益活动？ ［多选题］

　　□官方公益组织　　□大型企业　　　□网络媒体

　　□社会个人　　　　□其他

9. 请问您是否听说过以下社会救援组织？ ［多选题］

　　□中扶救援队　　　　　　　　　　□公羊救援队

　　□蓝天救援队　　　　　　　　　　□明珠救援队

　　□海鹰救援　　　　　　　　　　　□壹加壹应急救援

　　□其他救援队，请列举_____　　□从未注意

10. 在您的印象中，社会应急救援行动主要涉及哪几个方面？ ［多选题］

　　□城市突发事件应急救援　　　　　□户外山林山难应急救援

　　□24 小时公益急寻（丢失人口）　　□次生灾害抗险救援

　　□防灾减灾安全培训　　　　　　　□不清楚

　　□都没有　　　　　　　　　　　　□其他

11. 在您看来，社会救援组织的资金来源主要是？ ［多选题］

　　□社会集体募捐　　　　　　　　　□名人企业家个人

　　□政府拨款　　　　　　　　　　　□大中小企业资助

　　□其他

12. 请问您听说过公羊会以及从事应急救援的公羊队吗？ ［单

选题]

○非常了解   ○一般了解

○只是听说过   ○完全不了解

13. 在您的印象里，公羊队作为社会救援组织有哪些优势？
[多选题]

□调动速度 □现场了解程度 □救援人员能力

□救援形式 □技术装备   □其他

14. 您是否愿意去了解关于社会应急救援的相关内容？[单选题]

○无所谓   ○不愿意

○愿意   ○十分愿意

15. 您或者身边的人曾接受过社会救援组织的帮助吗？[单选题]

○是   ○否   ○不清楚

16. 您对他们救援帮助的评价是？[单选题]

○志愿帮扶到位 ○活动作用一般

○志愿服务差劲 ○不太清楚

17. 请问在您遇到紧急情况时（如家里老人在 24 小时内走失，城市洪涝等），愿意寻求他们的帮助吗？[单选题]

○非常愿意   ○愿意

○不愿意   ○视情况而定

18. 您不接受社会救援组织的主要原因是？[多选题] _____

□专业知识技能不足   □可信度不高

□对其帮扶能力有所怀疑 □装备不够先进正规

□其他

19. 您认为，现阶段社会救援组织自身可能存在哪些问题？
[多选题]

□救援能力差异大 □规模不大 □社会信任度低

□资金渠道少 □技术水平 □政府支持度

□其他

20. 请根据您对政府救援组织的了解，选择最符合的选项（1→5 表示非常不满意→非常满意）[矩阵量表题]

	低	较低	一般	较高	高
意义价值	○	○	○	○	○
设备技术	○	○	○	○	○
安全可信	○	○	○	○	○
专业能力	○	○	○	○	○
救援组织速度	○	○	○	○	○
后续援助	○	○	○	○	○

21. 请根据您对社会救援组织的了解，选择最符合的选项（1→5 表示非常不满意→非常满意）［矩阵量表题］

	低	较低	一般	较高	高
意义价值	○	○	○	○	○
设备技术	○	○	○	○	○
安全可信	○	○	○	○	○
专业能力	○	○	○	○	○
救援组织速度	○	○	○	○	○
后续援助	○	○	○	○	○

22. 根据您的经验，相较政府的救援，社会救援组织在哪些方面应该有所提高？

_____

您的意见很重要，再次感谢您的支持！

附录 2　社会救援组织参与社会防灾救灾机制调查问卷分析报告

　　问卷调查的对象主要是杭州市区的一般民众，问卷分发地点为江干区和西湖区人员流动较大且各个年龄段的行人都较为集中的大型商场、景区、广场，并有一部分网上问卷。共计发放问卷550份，有效问卷523份，问卷有效率为95.1%。问卷主要信息内容提炼：主要是杭州市社会力量对社会救援组织了解与参与社会救援组织状况分析。问卷第1—3题是调查对象情况的调查；第4—8题是对调查对象参与公益活动的意愿与情况的调查；第9—21题是对调查对象对于社会救援组织的了解程度及看法的调查。

　　（一）调查对象基本情况

　　1. 您的性别是：［单选题］

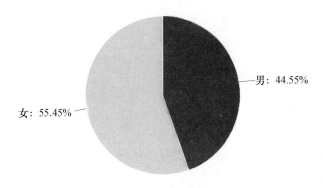

图附 2 - 1　男女性别比例饼图

女性占比 55.45%；男性占比 44.55%；男女比例相对平衡，样本选取较为合理。

2. 您的年龄：[单选题]

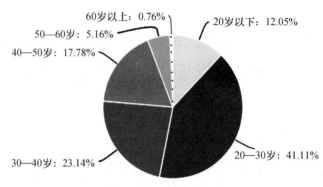

图附 2-2　年龄结构饼图

20—30 岁的受访者占 41.11%；30—40 岁的受访者占 23.14%；40—50 岁的受访者占 17.78%；20 岁以上的受访者占 12.05%；50—60 岁的受访者占 5.16%。年龄比例分布较为均衡，样本选取有说服力。

3. 请问您所在贵单位的性质是？[单选题]

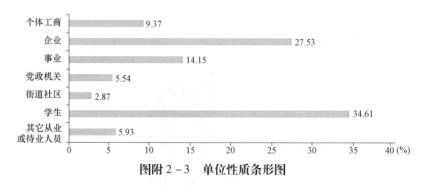

图附 2-3　单位性质条形图

在受访者中，学生占 34.61%；企业人员占 27.53%；事业单位人员占 14.15%；个体工商占 9.37%；党政机关工作人员占 5.54%；从业或待业人员占 5.92%；样本选取较为有针对性。

（二）调查对象参与公益活动的意愿与情况

4. 您是否参加过任何形式的，比如志愿者、公益帮扶等之类的公益活动？［单选题］

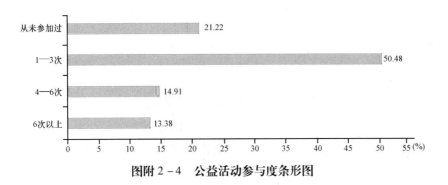

图附2-4　公益活动参与度条形图

由此题可见，大部分的受访者参与过志愿活动，但6次以上的人仅占13.38%，这说明虽然有志愿服务经验的受访者较多，但长期定时参加志愿活动的人较少，大部分人都处于尝试阶段。

5. 您是否有过公益行动的意愿与想法呢？　　　［单选题］

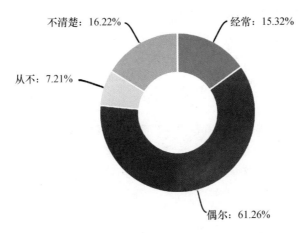

图附2-5　参与公益活动意愿环状图

由此题可见，有近85%的受访者有过参与公益活动的想法，说明民众对于参加公益活动有一定的认识和热情，但其中有61.26%

的被调查者选择了偶尔想起做公益活动，这说明大部分受访者对公益活动热情的持续性和长期性比较弱。

6. 若参加过，您在参加公益活动中遇到的最主要的阻碍因素是什么？［单选题］

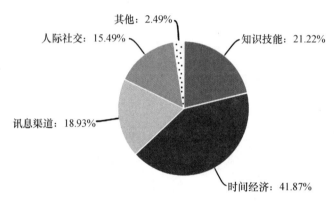

图附 2 - 6　参与公益活动阻碍因素

在此题中，时间经济，知识技能等阻碍参加公益活动的因素都有较高比率的认同率，特别是时间经济，达到了 41.87%，结合访谈资料，我们推测大部分受访者志愿活动的原因为缺少参加志愿活动的时间以及因参加无偿的志愿活动而在经济上较为困难。

7. 假设您正要参加一个公益活动，您最愿意为哪类人群提供帮助？［多选题］

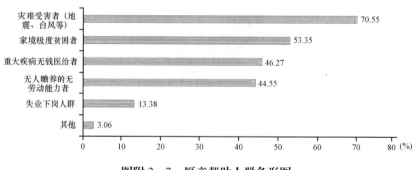

图附 2 - 7　愿意帮助人群条形图

　　由此题可以看出，在受访者中，愿意帮助灾难受害者（地震、台风等）的比例最高，达到了 70.55%，说明对于灾难受害者较为同情，而社会救援组织的主要职责便是在灾害活动中进行救援活动，这说明对社会救援组织存在价值的认同感还是比较高的。

　　8. 您更愿意参加由哪些主体发起的公益活动？［多选题］

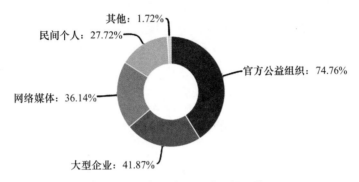

图附 2-8　发起公益活动主体环状图

　　在此题中，相信官方公益组织的公益活动的受访者最多，达到了 74.76%，相信大型企业的占 41.87%，而相信民间个人的仅有27.72%，差距较大，这说明相较于社会救援组织，受访者更信任有强大实力的权威机构。

　　（三）调查对象对于社会救援组织的了解程度及看法

　　9. 请问您是否听说过以下社会救援组织？［多选题］

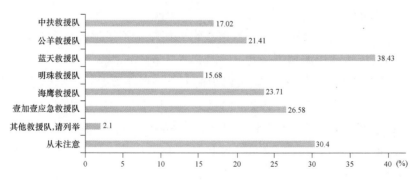

图附 2-9　国内各社会救援组织条形图

　　由此题调查结果可见，全国各大社会救援组织知名度普遍不高。蓝天救援队是其中知名度最高的，听说过的受访者占总人数的38.43%；其次是壹加壹应急救援队和海鹰救援队，而在杭州地区发展成熟，规模较大的社会救援组织公羊救援队的知名度仅为20%左右。此外，有30.4%受访者从未注意过社会救援组织。由此可见，宣传推广社会救援组织，加大其知名度的工作刻不容缓。

　　10. 在您的印象中，社会应急救援行动主要涉及哪几个方面？[多选题]

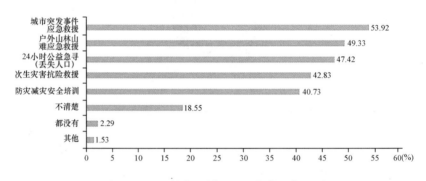

图附 2 - 10　社会救援组织职能范围条形图

　　在这道题中，有占受调查人数近54%和50%的人认为，社会救援组织的工作为城市突发事件应急救援和户外山林山难应急救援，这说明社会救援组织这方面的工作较为深入人心。相较而言，防灾救灾安全培训，寻找丢失人口等职能较为被忽视，且依然有20%左右的受访者对于社会救援组织的职能毫不了解，社会救援组织的宣传活动仍需加大一些。

　　11. 在您看来，社会救援组织的资金来源主要是？[多选题]

　　在此题中，有78.59%的受访者认为社会救援组织的资金来自社会集体募捐；61.38%的人认为来自名人企业家个人；44.74%的受访者认为来自政府拨款；48.76%的人认为来自大中小企业资助。

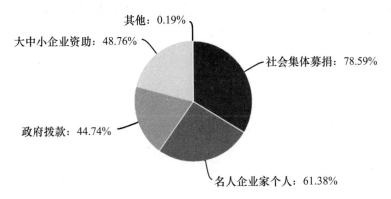

图附 2 - 11　社会救援组织资金来源饼状图

12. 请问您听说过公羊会以及从事应急救援的公羊队吗？［单选题］

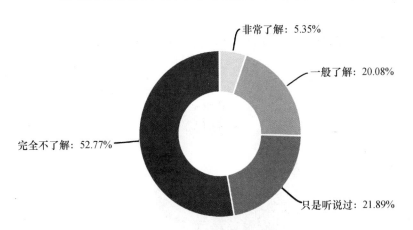

图附 2 - 12　公羊队了解程度环状图

　　对于公羊队的了解度，在所有被调查者中，有 52.77%，276 人选择完全不了解，非常了解的仅有占总人数 5.35% 的 28 人，有半数以上的人对于公羊队完全陌生，这说明公羊会的知名度较低，民众对社会救援组织的了解十分有限。

　　13. 在您的印象里，公羊队作为社会救援组织有哪些优势？［多选题］

　　在此题中，受访者对公羊会等社会救援组织的调动速度、对现场的了解程度，以及救援人员能力等方面的优势较为认可，对技术装备，救援形势等方面认可程度不高。

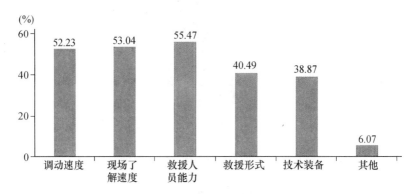

图附 2 - 13　社会救援组织优势柱状图

14. 您是否愿意去了解关于社会应急救援的相关内容?［单选题］

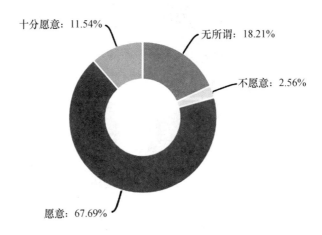

图附 2 - 14　对了解社会应急救援组织的态度环状图

在此题中，有近 80% 的受访者选择愿意了解关于社会救援的相关信息，不愿意的受访者仅占总人数的 2.56%，这说明民众乐于接受公羊队以及社会救援组织的相关的信息，加大宣传力度在一定程度上可以改变公羊会等社会救援机构的知名度。

15. 您或者身边的人曾接受过社会救援组织的帮助吗？［单选题］

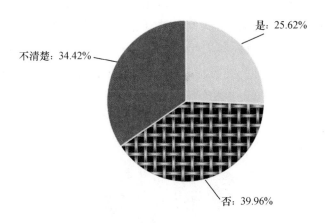

图附 2 - 15 接受社会救援组织帮助饼状图

在此题中，有近 40% 的受访者未曾受过社会救援组织的帮助，25.62% 的受访者曾接受过帮助，近 35% 的受访者选择了不清楚。由此可见，社会救援组织的工作惠及了一部分的民众，但占比不大，其服务范围较为有限，受关注度不高。

16. 您对他们救援帮助的评价是？［单选题］

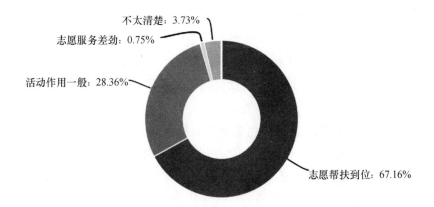

图附 2 - 16 社会救援组织帮扶评价环状图

从此题的调查结果可见，在受过救援的人群中，认为志愿帮扶到位的被调查者达到67.16%，认为活动作用一般的人占28.36%，而认为志愿服务差劲的人为0.75%，这说明社会救援组织活动的质量较高，收到被帮扶者认可。

17. 请问在您遇到紧急情况时（如家里老人在24小时内走失，城市洪涝等），愿意寻求他们的帮助吗？〔单选题〕

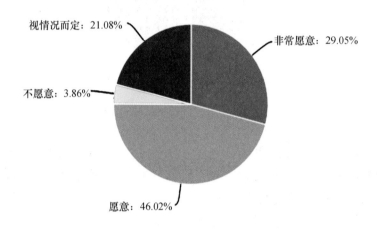

视情况而定：21.08%
非常愿意：29.05%
不愿意：3.86%
愿意：46.02%

图附 2 - 17　接受社会救援组织帮助态度饼状图

在此题中，有46.02%以及29.05%的受访者选择愿意和非常愿意在危急时刻寻求社会救援组织的帮助，视情况而定的人数占总人数的21.08%，不愿意的人数占3.86%。由此可见，大部分的受访者在紧急情况下都愿意接受社会救援机构帮助和救援，但仍有部分受访者对社会救援组织较为不信任。

18. 您不接受社会救援组织的主要原因是？〔多选题〕

在此题中，选择对其帮扶能力有所怀疑的受访者最多，达到了48.33%，选择可信度不高的受访者也较多。由此可见，民众不接受社会救援帮助的主要原因是对其帮扶能力以及可信度的怀疑，普通民众对于社会救援组织的能力依然处于一种怀疑观望的阶段，对其合法性，正规性都有所不信任。

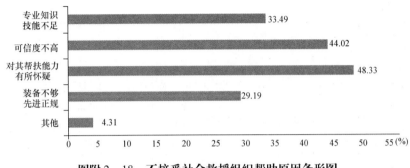

图附2－18　不接受社会救援组织帮助原因条形图

19. 您认为，现阶段社会救援组织的发展可能存在哪些问题？
［多选题］

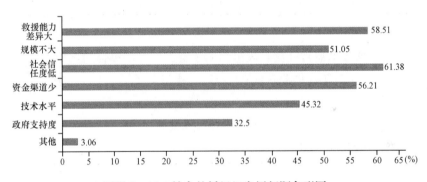

图附2－19　社会救援组织发展问题条形图

在此题中，对于题中列出的一些问题，受访者都有不同程度的支持，其中，救援能力差异大，社会信任度低以及资金渠道少是受访者认为比较大的问题，认为问题是政府支持度的除其他原因外占比最小，为32.5%，这说明受访者普遍认为社会救援组织自身的内部问题是限制其发展的主因。

20. 请根据您对政府救援组织的了解，选择最符合的选项（1→5表示非常不满意→非常满意）［矩阵量表题］

表附 2 – 1　　　　　　　　**政府矩阵量表**

该矩阵题平均分：3.85

题目/选项	低	较低	一般	较高	高	平均分
意义价值	4 (0.76%)	15 (2.87%)	120 (22.94%)	192 (36.71%)	192 (36.71%)	4.06
设备技术	8 (1.53%)	18 (3.44%)	167 (31.93%)	182 (34.8%)	148 (28.3%)	3.85
安全可信	6 (1.15%)	16 (3.06%)	145 (27.72%)	204 (39.01%)	152 (29.06%)	3.92
专业能力	7 (1.34%)	23 (4.4%)	124 (23.71%)	217 (41.49%)	152 (29.06%)	3.93
救援速度	6 (1.15%)	30 (5.74%)	153 (29.25%)	225 (43.02%)	109 (20.84%)	3.77
后续援助	8 (1.53%)	46 (8.8%)	193 (36.9%)	180 (34.42%)	96 (18.36%)	3.59

21. 请根据您对社会救援组织的了解，选择最符合的选项（1→5表示非常不满意→非常满意）［矩阵量表题］

表附 2 – 2　　　　　　　**社会救援组织矩阵量表**

该矩阵题平均分：3.52

题目/选项	低	较低	一般	较高	高	平均分
意义价值	8 (1.53%)	18 (3.44%)	138 (26.39%)	184 (35.18%)	175 (33.46%)	3.96
设备技术	9 (1.72%)	49 (9.37%)	288 (55.07%)	117 (22.37%)	60 (11.47%)	3.33
安全可信	4 (0.76%)	43 (8.22%)	238 (45.51%)	174 (33.27%)	64 (12.24%)	3.48
专业能力	6 (1.15%)	44 (8.41%)	263 (50.29%)	146 (27.92%)	64 (12.24%)	3.42
救援速度	8 (1.53%)	50 (9.56%)	201 (38.43%)	175 (33.46%)	89 (17.02%)	3.55
后续援助	15 (2.87%)	55 (10.52%)	231 (44.17%)	157 (30.02%)	65 (12.43%)	3.39

从 20、21 题可以看出，在政府以及社会救援组织在存在意义价值、设备技术、安全可信、专业能力、救援速度以及后续援助六个方面的综合评价中，政府的各项评价分数政府均高于社会救援组织，这显示出，受访者对政府救援的综合评价高于社会救援组织。同时，设备技术，专业能力和安全可信三项是社会救援机构与政府分数相差较大的两项，这表明受访者对社会救援组织这三方面的能力持怀疑态度。

对于政府救援本身来说，评价最低的是后续援助，仅为 3.59分，与得分最高的意义价值相差了 0.4 分，这说明，在受访者看来政府后续援助能力与其他选项相比有一定的不足。而对于社会救援组织来说，得分最高的是意义价值，为 3.96 分，这说明组织的存在意义受到大众的认可，而得分最低的是设备技术 3.33 分，此外本被视为是社会救援组织优势的项目——后续援助，得分也较低，仅为 3.39 分。

（四）SPSS 交叉分析

1. 所处单位与参加活动次数交叉分析

表附 2 - 3　　　　**行业与参加公益活动的次数交叉制表**

		参加公益活动的次数				合计
		从未参加过	1—3 次	4—6 次	6 次以上	
所处单位	个体工商	26	20	2	1	49
	企业	30	79	22	13	144
	事业	10	41	17	6	74
	党政机关	2	14	7	6	29
	街道社区	2	6	3	4	15
	学校	29	91	23	38	181
	其他人员	12	13	4	2	31
合计		111	264	78	70	523

个体工商参与公益活动的次数主要集中在从未参加过，企业、

事业、党政机关以及学校都主要集中在 1—3 次，街道社区的次数较为分散，其他从业人员主要集中在从未参加过和 1—3 次，其中，党政机关和学校参与公益活动达到 6 次以上的人数均达到总人数的 20% 以上。由此数据得出，社会各界人员对于公益活动有一定的参与度，但都是只处于尝试阶段，参与频率较低，多集中在 1—3 次，而学校和党政机关人员对于公益活动较为积极，有一定数量的定期参与公益活动的人群。

表附 2－4 卡方检验

	值	df	渐进 Sig.（双侧）
Pearson 卡方	68.168[a]	18	.000
似然比	64.536	18	.000
线性和线性组合	13.487	1	.000
有效案例中的 N	523		

a. 7 单元格（25.0%）的期望计数少于 5。最小期望计数为 2.01。

在结果中，显著度为 0.00，若在 0.05 的显著水平下进行检验，是显著的，因此拒绝两边不相关联的假设，参与公益活动的次数与所处单位有关。

2. 所处单位与对公羊队的了解程度交叉分析

表附 2－5 行业与对公羊会的了解程度交叉制表

		对公羊队的了解程度				合计
		非常了解	一般了解	只是听说过	完全不了解	
单位	个体工商	1	4	14	30	49
	企业	12	43	28	61	144
	事业	4	24	24	22	74
	党政机关	4	14	7	4	29
	街道社区	1	4	4	6	15
	学校	5	17	35	124	181
	其他人员	1	2	8	20	31
合计		28	108	120	267	523

个体工商主要集中在完全不了解上，且完全不了解的人数占此类型总人数的 61.2%，企业工作者也主要集中在完全不了解上，完全不了解的人数占此类型总人数的 42.3%，党政机关工作人员和事业单位工作人员则主要集中在一般了解和只是听说过上，街道社区的选项较为分散，学校主要集中在完全不了解上，完全不了解的人数占此类型总人数的 68.5%，其他从业人员也集中在完全不了解上。由数据可得出，各行业民众普遍对于公羊队不是很了解。其中，公羊队在事业单位与党政机关工作人员中知名度相对较高，而学校与个体工商对于公羊队最为不了解。

表附 2 - 6　　　　　　　　　　　**卡方检验**

	值	df	渐进 Sig.（双侧）
Pearson 卡方	72.747ᵃ	18	.000
似然比	75.185	18	.000
线性和线性组合	21.107	1	.000
有效案例中的 N	523		

a. 7 单元格（25.0%）的期望计数少于 5。最小期望计数为 .80。

在结果中，显著度为 0.00，若在 0.05 的显著水平下进行检验，是显著的，因此拒绝两边不相关联的假设，对公羊队的了解程度与所处单位有关。

3. 参加活动次数与对公羊会的了解程度交叉分析

表附 2 - 7　　　　**参加公益活动的次数与对公羊队了解程度交叉制表**

		对公羊队的了解程度				合计
		非常了解	一般了解	只是听说过	完全不了解	
参加公益活动的次数	从未参加过	2	5	22	82	111
	1—3 次	9	65	61	129	264
	4—6 次	12	24	20	22	78
	6 次以上	9	18	23	20	70
合计		32	112	126	253	523

从未参加过公益活动的人集中在完全不了解，参加过 1—3 次的集中在完全不了解，参加过 4—6 次的集中在一般了解，参加过 6 次以上的集中在只是听说过。由此可见，从未参加过和参加 1—3 次的人对于公羊队的了解程度较低，参加过 4 次以上公益活动的人对公羊队的了解相较更深入一些。

表附 2 - 8　　　　　　　　**卡方检验**

	值	df	渐进 Sig.（双侧）
Pearson 卡方	42.926[a]	9	.000
似然比	45.936	9	.000
线性和线性组合	13.495	1	.000
有效案例中的 N	523		

a. 2 单元格（12.5%）的期望计数少于 5。最小期望计数为 3.75。

在结果中，显著度为 0.00，若在 0.05 的显著水平下进行检验，是显著的，因此拒绝两边不相关联的假设，参加公益活动的次数与对公羊队的了解程度有关。

附录3 扎根分析原始材料（访谈记录）

（一）公羊队

访谈时间：2016年7月4日

访谈对象：浙江省公羊队负责人

访谈地点：浙江省下城区长庆街道公羊队基地

采访者：×××

1. 请问您能否给我们简要介绍一下公羊会和公羊队以及他们的关系呢？

答：公羊会是一个以慈善公益救助为己任的社会救援组织，公羊会三个字的意思就是"公"益之心，行"羊"之善，"会"天下益士。会员主要来自全国各地的热心公益的企业家及各行业的领军人物。总部设在杭州，目前还开设有北京、上海、四川、新疆、宁夏、陕西、浙江、加州、意大利各总会。公羊队成立于2009年5月，全称是：浙江省公羊会公益救援促进会，它是一支救援队，主要职能有：城市突发事件应急救援、户外山林山难应急救援、24小时公益急寻、国家次生灾害抗险救援、防灾救灾安全培训、户外安全急救培训等。他们的关系就是公羊队是公羊会下属的一支救援队，公羊队受公羊会的管理。

2. 公羊队从成立到今天一直在发展壮大，公羊队有多少队员？公羊队的硬件设施有哪些？

答：公羊队目前拥有500多名经过严格挑选、培训考核、具有扎实救援知识和实战经验的志愿者，在杭州以及成都建立了两个战备仓库，储备有应急救援车、冲锋艇、充气船、无人飞机、卫星电话、专业医疗帐篷以及众多山地和水上救援器材等装备。只要接到救援任务，公羊队的队员就可以在 24 小时之内集结起来，做好一切准备，救危助难，为社会出力。

3. 公羊队成立以来都做出了哪些成绩？得到了什么嘉奖？

答：公羊队成立以来，执行山林走失驴友救援任务 27 次，执行 24 小时公益急寻任务 67 次，同时也参加了汶川、玉树、雅安、尼泊尔、巴基斯坦、中国台湾等地震救援以及 2013 年浙江余姚洪水救灾行动和 2014 年杭州 "7·5" 公交车灭火事件等为大众熟知的灾难事件，总共救助 2000 多条生命。此外每年还向社区居民以及户外爱好者、学生进行百余次应急救援安全知识培训以及常见意外伤害急救处理操作培训。被授予为杭州红十字救援队、杭州市城市管理社会应急救援队、西湖区志愿者大队等荣誉。

4. 公羊队确实为社会为人民做了很多好事，但相比做出的这些贡献，它的知名度并不够，是什么原因呢？公羊队通过哪些方式来提高自己的知名度呢？

答：是的，公羊队在社会上的知名度还是不够。一方面，是我们的宣传还做得不到位，因为知名度的提升是需要长久地坚持的，不是一朝一夕就能完成的；另一方面，我们是在做公益，公益的本质是帮助需要帮助的人，而不是为了让别人知道才去做的。如果宣传得过多，就会无形中加入一些商业色彩，可能就会受到社会的质疑，违背了我们做公益的初衷。所以，在宣传这块我们一直做得很吃力也很谨慎，还需要更多的建议。

5. 任何公益组织的发展都需要资金的支持，公羊队也不例外，我想请问你们的资金是通过哪些方式或渠道来的？

答：资金确实是公益组织发展的一个最重要的支持，我们的资金来源有政府的资助、企业家的捐助，还有社会各界的募捐。政府的政策和资助对我们很重要，政府主要通过购买服务来支持我们的工作。

6. 请问公羊队主要通过怎么样的方式来招募队员？

答：公羊队招收队员的时间是固定的，在每年春季三四月份，主要方式是通过官方网站和微博、微信发出报名信息和名额，向社会招募具有一定救援技能的人才，并进行选拔，对选拔出来的队员进行为期三个月的培训，合格之后就正式成为公羊队的队员，参加公益救助。

7. 请问公羊队在发展过程中遇到过哪些困难？

答：困难是随时都会出现的，也会得到相应的解决，但有些困难是一直存在的，第一就是资金问题，有了资金我们才有能力扩充我们的救援设施，比如定位系统、直升机、充气船等，并对队员进行一定的补偿，才有能力进行更大规模的救援。政府对我们的资助有限，还是要靠我们自己来解决资金问题。第二，就是人才问题，公益组织一直缺乏有谋略的领导型人才，也需要一些专业人才的指导，让组织更有序地运行。第三，就是之前说过的知名度问题，怎么样能够在不带商业色彩低调做公益的同时又能让更多的人了解我们，遇到困难时第一时间向我们求助也是我们一直在想办法解决的问题。

（二）江干区民政局

访谈时间：2016 年 7 月 9 日

访谈对象：江干区民政局工作人员

访谈地点：江干区民政局

采访者：×××

1. 社会组织在江干区发展较早，并成立杭州首家社会组织管理服务中心——凯益荟。您能简单介绍下吗？

答："凯益荟"为社会组织提供备案登记、能力建设、学习交流等一站式便捷化服务，既可由中心组织实施对社会组织的服务成长培训，也可由各社会组织针对本领域内的专业知识进行普及、策划、实施与经验分享，开展培训和研讨交流。此外，"凯益荟"还将建立专业的社会组织和志愿者资源库，搜集、整理、汇总服务对象和社会资源的供需信息，为专业的社会组织牵线搭桥，为辖区内居民、企事业单位提供无偿或低偿服务链接。

2. 您能说下目前民政局对社会组织有哪些支持吗？

答：目前民政局对社会组织加强统一管理，要求每个社区必须注册一家社会组织并对外服务并且在政策上有各种补助，比如会为有些社会组织提供场地支持；会为社区向社会组织购买一些服务；会有一些大学生就业补助，从 2013 年到现在，扶持资金总共有 600 万之多，而明年将会以每年 300 万元的资金加大扶持力度。

3. 江干区民政局做出了哪些成绩呢？

答：目前，社区社会组织已有 1500 多家，分别是服务、科技、协商和维权四个方面。而政府部门每年会为这些组织进行一些评比和奖励，比如"公益服务日""三联社动"等非营利性活动。

4. 政府在管理社会组织方面还遇到了什么困难？

答：人才紧缺，社会组织主要领袖少，很多社会组织机构的成员都是在职人员，这会在发生意外时产生一些矛盾。应急救援组织较少，管理会比较分散。

5. 您能总结下今天的谈话吗？

答：可以用 16 个字来总结一大核心，党的领导；两大目标，品牌化、标准化；三大体系，区级、街道和群众；四大要素，有钱办事、有人管事、有场地做事和有章理事。

（三）公羊队二次走访

访谈时间：2016 年 11 月 15 日

访谈对象：浙江省公羊队队长郑丹及其他队员

访谈地点：浙江省下城区长庆街道公羊队基地

采访者：×××

1. 请问您能简单介绍一下您印象最深的一次救援行动吗？

答：对于我来说，每次救援行动印象都很深。那我就简单介绍一下今年的"5·28"建德山体滑坡事故吧。我们公羊队有一个战略值班机制，队员会轮流在基地职守，保证 24 小时电话通讯畅通，以保证在紧急情况发生时可以紧急集结救援队员，快速奔赴灾害现场。我们在 5 月 28 日从下城区人武部得到消息，召集队员、分发装备后第一批队员迅速出发，在第二日早上 10 点左右到达现场。此时，当地政府已建立起指挥部，我们在听取他们介绍灾情后，领取任务并迅速投入救援，从当天晚上到第二天中午，奋战十几个小时，找到了三位遇难者。

2. 请问你们得到灾害信息的渠道大概有哪些？

答：主要是四条途径吧，第一，政府相关单位，比如人武部会通知我们，有时市长也会与公羊会的高层联系；第二，我们也会随时关注新闻媒体，从网络渠道获取信息，比如之前的尼泊尔救援等境外救援活动大多是依靠这种方式。第三，我们各社会救援队之间有一个圈子，会通过微信群共享信息。第四，我们也有一些灾害探测的设备软件可以提供信息。

3. 请问公羊队的人员设置具体是怎样的？全职人员具体有几位呢？

答：我们公羊队总共有500多名队员，基本上都是志愿者，其中有专业救援能力，可以直接奔赴救援的有80多位。全职人员的话总共是4位：秘书长、装备负责人、宣传负责人和队伍建设负责人。

4. 请问你们公羊队有没有为了扩大知名度、让更多人认识你们，做一些文宣活动呢？

答：我们有专门的文宣部和负责宣传活动的人员，宣传活动主要是在微信公众号的推送。媒体这方面，我们算是比较被动的，基本没有主动与记者沟通来扩大知名度的情况。不过，有记者主动联系我们要与我们一起进入灾害现场，他们也会采访我们，给我们做一些宣传。

5. 请问参与救灾的公羊队志愿队员是否会得到一些补贴和特定福利呢？

答：我们的志愿队员是完全无偿的，没有一分钱补贴。真的要说补贴的话，我们会定期进行队员体能和救援技能的培训，提升队员的能力。此外，每次出救援任务我们会为队员购买保险，这也算是对队员的一个小小的福利了。

6. 请问公羊队的奖惩制度具体是怎么样的？是以怎么样的形式呢？

答：奖励方面，由于资金的限制，我们对于优秀队员的奖励基本上是精神奖励，会给予一些象征性的个人荣誉，并给单位写感谢信，或辅助其评选社会先进个人等的荣誉，基本上都是精神上的。惩罚方面，因为我们是社会团体，队里虽有准则没有约束力，如果队员行为有不妥，我们一般先会警告，特别严重、屡教不改就会让其退队，不过这种情况非常少见。

7. 请问政府对公羊队有哪些形式的帮扶活动呢？

答：政府会定期给我们补贴，主要是以装备的形式。以前我们在救灾现场没有保险可保，但从今年开始，政府促成了面向救援队员的保险的产生，为我们队员投保提供了更多选择。在救援过程中，政府一般都会做好后勤工作，为我们提供取暖袜子、热饭热菜和生活用品等，非常贴心。

8. 做了这么多，请问，公羊队自身和外界给予的安全保障机制和措施有哪些呢？

答：一个就是我之前提到的公羊队的灾害出动前期队员的参保，组织会为我们出动的队员强行投保，保障我们救援路程中的安全，在今年以前，我们在救援过程中发生的任何意外，保险公司是不会负责的，但是，今年政府新出的保险法，使得我们队员在救援过程中的意外也有了新的保障，这为我们队员增添了一道保护。另外，在救援过程中，队员只有依靠自身扎实的素养基础，安全的撤离路线计划与救援过程中灾害观察员的仔细观察，才能使救援行动有质的提升，同时在一定程度上有效阻止人员二次伤亡的现象发生。

9. 站在你们的角度，现在公羊队面临着哪些问题和困难呢？

答：首先最大的问题就是资金不足，虽然我们的经费基本可以维持日常的组织运转，但要想升级装备，扩大职能领域非常困难，因为救援装备非常昂贵，普通的救援绳 1 米要 70 元左右，连续使用一个月就会报废，而普通的通信设备更是接近百万。其次公羊队的活动与政府现行规定存在一些冲突，比如直升机，每次使用需要大半天的审批报告，无法发挥该装备真正的价值。还有就是饲养救援犬的问题，因为杭州市区不能饲养大型犬，我们的基地设在郊区，人与狗的协同训练操作起来非常不便。这些方面，我们希望政府在可行范围内给我们开辟一些绿色通道，让我们社会救援队更好地发挥作用。

（四）浙江省民政厅

访谈时间：2016 年 12 月 28 日

访谈地点：杭州市西湖区保淑路浙江省民政厅

访谈对象：浙江省民政厅救灾协会秘书长、副秘书长

采访者：×××

1. 我们了解到最新的政策依据是去年 8 月份民政部发布的文件，今年 12 月 7 号在杭州召开的会议是不是为了落实这个意见？

答：去年 8 月民政部发布了《社会力量参与自然灾害救援指导意见》，12 月 7 号召开的会议全称是《社会组织参与自然灾害救援的推进会》。这个会议放在浙江的原因是浙江省起步比较早，在 20 世纪 90 年代国家还没有提倡的时候，浙江省就成立了救灾协会。社会救灾观念和自救互救意识产生比较早，同时浙江省经济走在全国前列，民营经济发达，有爱心有实力的企业家较多，所以社会救援力量比较发达。

2. 协会是从哪些方面对社会组织给予帮助的？

答：从协会的角度来讲，我们主要是从这些方面进行帮扶的：第一个就是技能培训，与知识技能培训机构进行合作。第二方面是给他们提供交流平台。虽然浙江省的救援队很多，但是技能水平参差不齐，今年年初，协会召开会议让会员中有经验的进行发言，让其他救援队进行学习交流。第三方面是提供一定的资金支持，包括购买公共服务和由民政部以协会的名义向表现好的救援队拨款。第四个是信息服务，政府获取的信息是最准确的，反馈给救援队，他们会根据自身情况开展救援。

3. 除了浙江省，在交流过程中我们还了解到广东省在应急管理方面做得比较好，具体好在哪里？

答：广东在社会购买服务做得比浙江好。广东省以人大立法的形式出台了社会力量参与救灾的条例，应急企业包括设备和器

材成为地方的产业之一。广东省的应急救援在灾害救援后，会根据救援队的人员数量、设备、工时给予补助，我们目前还做不到这一步，但是会象征性地给予补助，对他们的行为进行肯定和奖励。

4. 下一步，我们如何进一步完善信息管理？

答：我们下一步的计划是做一个信息系统的指挥平台，发生灾害之后，我们会把信息发布在平台上，救援队来根据自身的情况认领信息，有多大力出多大力。平台建立之后，会是一个双向的交流平台。救灾情况目前是比较混乱的，大家的积极性都很高，比如前一次遂昌的山体滑坡，政府人员到的时候已经有十几家救援队抵达了，距离受灾区十几公里的一个入口处只能通行一辆车，但由于现场混乱，大家都挤不过去。实际上，去的力量不一定都能用得上，因为是泥石流，很多手工作业的基本用不上，是比较无序的救援。我们建立这个信息协调平台，就是要解决这个问题。

5. 目前，有没有制度让救援队在救灾之后对救灾的人数、设备、进行汇报？

答：目前，我们也会要求协会会员把救灾的信息报给我们。我们准备先建一个群进行信息的汇报。等信息指挥平台建立起来以后，我们会要求救援队把每次的救灾情况详细记录在上面。

6. 社会救援组织的起步过程有没有详细的总结和回顾？

答：前几年的总结没有，因为前几年是只顾着做，不注重宣传。宣传工作是近几年才开始重视起来的。

7. 有没有社会救援组织参与救援的成功案例？

答：成功案例多得是。以公羊队为例，前段时间印尼地震，公羊队派出六人的队伍。他们是中国的名片，代表国家的社会组织参与灾害救援。意大利、厄瓜多尔，公羊队都会第一时间去。公羊队在接到信息两个小时内就可以起飞，出国的护照和审批都会给他们开绿灯。到了灾害的发生国，和当地的华侨、商会对接，除了搜救犬和精密仪器，其他大型的发电设备、挖掘设备都会由当地的政府部门或华侨提供，渠道非常畅通，在浙江省只有公羊队能做到这一点。

8. 全省的救灾组织有多少个？比较有名的有哪些？

答：全省有一百多家，纳入救灾协会的有将近一百家。比较有名的除了公羊会，还有义乌应急救援组织，宁波四明户外应急救援队，苍南壹加壹。

9. 请教一下，和政府的救援力量例如消防队相比，社会救援力量有哪些优势和特长？

答：第一方面，是机制比较灵活。政府部队出动需要层层请示，而他们群里得到消息后就可以马上出动。第二方面，在专业上有他们各自的优势，比如义乌的社会救援协会的挖掘机价值几千万元，可能是全国最好的，操作人员也很专业；而国家的消防武警可能是当几年兵后就要退伍，在技术操作上面可能并不如他们。第三方面，有些特殊的灾害政府没有对应的救援力量，社会力量弥补了政府没有的力量。第四方面，政府提供的救援是普遍性的，社会组织更有个性化，比如心理援助，政府目前还没有这样的项目，而有些救援队就有这样的心理咨询服务。还有社会救援力量会开展全国的防灾减灾宣传，为普通群众教授防灾减灾知识。

10. 除了日常与公羊队的协调之外，有没有对他们的监督或约束？比如公羊队出国救援的时候有没有什么约束？

答：有一定的监督和约束。第一方面就是从奖励的角度，给表现好的组织给予资金和荣誉上的奖励。第二方面，协会内部有规章制度，会员必须遵守。大的方面就是社会组织管理局对社会组织有一个年检。我们更多的是做一些事务性的工作，体制、政策方面的，监管方面主要还是社会组织管理局在做。公羊队出国救援的时候是没有约束的，他就是中国的名片，国家会创造便利条件给他，外国政府也会第一时间同意。公羊队可以直接去中国驻当地的大使馆，大使馆无偿为他们提供吃住，不会有约束。

（五）徐立军队长

访谈时间：2016 年 12 月 29 日

访谈对象：公羊队徐立军队长

采访者：×××

1. 据了解您是公羊队的创始人，请问您创建公羊队的初衷是什么？在公羊队成立初期又遇到了哪些困难呢？

答：这个问题要从公羊会说起，公羊队是个做救援的组织，公羊会成立于 2003 年，是我们何军会长留学归来以后创办的。他爱好旅行，在全国各地行走的过程当中，他发现了中国还有很多的贫困地区，于是想在旅游的同时也可以做一下慈善事业，帮助到一些人，这个想法也得到一些人的支持，由此公羊会就这样成立了。公羊会的慈善事业一直在做，直到汶川地震，让我们发现在大的灾难面前，我们的应灾能力还是不够的，由此我们产生一个想法：成立一支救援队。由于最初社团组织不被认可，因此我们只能成立户外运动协会，下面设应急救援队，这就是公羊队的前身。那个时候全部都要靠自己，包括装备和设备都需要自己想办法。很多的装备都是各个队员自己拿出的。

2. 您能简述一下公羊队成立以来的发展历程吗？有哪些具有代表意义的时间节点？（建立、成熟、完善）是否有对应的相关事件？

答：公羊队成立之后，有一个小河山救援，政府出动上千人寻找失踪者，最终是依靠我们的救援设备和队员的努力付出找到了失踪者，这让公安部门和地方政府承认了我们应急救援的作用，之后的渔阳水灾又让政府认识到了我们应急救援组织的重要性，对我们更加支持和鼓励。从此政府对应急救援的认识态度发生了一个转变。后来的芦山地震，很多救援队积极出动，但是人数过多阻碍了救援，这是一次不科学的救援，而这次行动让我们在今后的救援过程中不断摸索不断发展。之后的尼泊尔跨国救援更是一次里程碑，中国社会的救援力量第一次走出了国门。公羊队在厄瓜多尔的救援也是一次非常重要的节点。这些跨国救援都是我们国家软实力的体现，也是我们国家富强的体现，对我国与其他国家的国际交流也有积极作用。在国内的里东村塌方、建德山体滑坡等地质灾害中的救援，证明了我们的救援能力，也是重要的节点。

3. 自公羊队创立以来，在其发展过程中您认为遇到的最大的问题是什么？

答：我们公羊队成立以来，遇到了各种各样的问题，但我们只是去解决问题，最开始的时候连注册都是困难，装备也没有，人员保险也没有，办公场地也没有，但是现在都解决了嘛，所以我们现在最大的问题就是怎么样做得更好。

4. 公羊队作为较成熟的社会救援组织，您认为在它的成长过程中有什么经验可以供其他救援组织学习借鉴的吗？

答：我觉得是这样的，每个组织在发展的过程之中都应该是与时俱进的，因为公羊队很多东西在现在看来都不是问题，但是在当时都是问题，我也相信以后还会有更多的问题等着大家。所以要与时俱进，勇于开拓，不断创新，但最重要的是不忘初心。这也是一种公羊文化，我们能做好也是因为这种文化引领。我只是初中学历，但是这些文化都是我们在后天不断摸索、领悟的东西。

5. 在公羊队取得的所有成就中，您觉得最让您自豪的是什么？为什么？

答：目前来讲，我们就像在不断攀登高峰而已，我们做这个事情都是凭初衷去做的，我觉得最满意最欣慰的事情，就是我们的24 小时公益急寻项目吧，这个项目是真正的公益，他真正能帮助到人们。每个人都将老去，这时做的公益会惠及老去的自己，现在老龄化问题越来越受重视，这个理念也得到越来越多的人赞同，社会各界更多的人去支持，当然我们也在不断地创新。通过平安帮的软件可以帮助走失的老人，我们还在打造一种公益的诚信机制，年轻时做的公益会被记录下来，在老的时候也会有人帮助自己。我们也在慢慢推动这个公益体系，实现这个也许是若干年以后。中国公益正在从热情转移到理性的阶段，需要我们这样的公益人理性的做事情，因为仅凭热情做的工作是有限的。以后还会有很多的高峰等着我们去攀登，建立联合国标准救援队，打造公益体系，这也不是短期能完成的目标。

6. 在您参与的救援行动中，让您印象最深刻的是哪次？请简述一下。

答：其实公羊队的每次救援都是一场硬仗，所以只要是自己参与的救援那都是刻骨铭心的。比如说巴基斯坦的地震救援，我们去的那个地方前两天刚发生过爆炸，是存在恐怖袭击威胁的，巴基斯坦的市民是可以持枪的，你去饭店吃饭都可以看到老人把一把AK47 拍在桌上。所以，巴基斯坦的地震救援是全程在当地政府的武警保护下进行的。再比如苏村救援，我们队员攀上 800 米高的悬崖安装边坡雷达，一边往上爬还要一边躲闪上方掉下来的碎石，这些都是真正经历过的人才能理解当时的心情，没有亲身经历是无法体会的。

7. 对于公羊队未来的发展，您有哪些规划和期盼呢？

答：首先，是要做好政府力量的辅助。其次，要进行项目化运作，例如"24 小时公益急寻"项目，也就是要加强管理，管理是目前最大的短板，如果管理不到位是没有办法走得长远的。具体点的规划有三点：一是五年以内，使公羊队成为符合联合国救援标准的中型救援队，在 2022 年杭州召开亚运会时为杭州添加一张新名片。二是要建立应急救援志愿者的考核评测体系、培训体系，带领应急救援志愿者更好地发展，帮助国家制定应急预案，促进国家法制、机制、体制建设。三是公羊队自身要不断完善培训体系，建立培训基地，开设培训课程，落实各项工作。

8. 您认为公羊队参与救援最成功的经验有哪几点？

答：经验都是一次次救援积累出来的，有很多，但最重要的一点就是动作要迅速，时间就是生命。

9. 公羊队今后发展需要克服的困难有哪些？

答：公羊队的面临的困难还很多，例如资金、管理、宣传等等，但公羊队的发展其实是自己不断在寻找自己的高峰，我也相信这些困难都会慢慢地解决。

10. 公羊队需要政府和社会提供的支持和帮助有哪些？

答：希望政府尽快出台相应的法律法规，通过立法保障志愿者的合法权益。例如在救援过程中志愿者救援失败,没有成功救出被困人员怎么办? 如果在救援过程中,志愿者不幸丧生怎么办? 这些问题都需要有明确的法律法规来解决。对于社会,我最希望的是能把那些志同道合、有信仰、想去改变这个社会的人聚集在一起做好事,但有些人并不知道自己有能力去参与救援,这就需要加大宣传。如果我们可以在全国各地招募救援志愿者,当某地发生了灾害,当地的志愿者可以第一时间把信息传达给我们,那我们便可以及时开展精准的救援,大大提高救援的效率。

(六) 何军会长

访谈时间:2017 年 3 月 23 日

访谈对象:浙江省公羊会会长何军

访谈地点:公羊会

采访者:×××

在正式访谈开始前,笔者向何军会长简要介绍了大学生挑战杯竞赛及本项目组的进展情况,介绍了我们的来意。

王卫东:您好,我们先简单介绍下我们的来意,我们现在参加的是大学生挑战杯课外科技学术比赛,是由共青团中央、中国科协、教育部和全国学联共同主办的全国性的大学生课外学术实践竞赛,每两年一届,今年的秋季是第十五届。因为是全国性的比赛,所以“985”“211”高校都会参与,各个高校都很重视。我们项目目前的进展情况是刚接到通知,进入省赛。后期的作品还需要不断完善,需要作品的展示,主要是调研报告还有一些视频,所以今天来麻烦您。

我们现在已取得了一些成果,去年 12 月份我参加了全国应急管理学术论坛,已经把公羊队这个案例给推了出去,其间碰到了一位警察学院的教授,他也认识您,我们在一块儿交流。去年我们还参加了全国大学生公共管理案例分析大赛,并且取得了二等奖,接下来准备出版,我们正在整理。现在要备战省赛,需要您的支持。

何军:我一定积极配合你们,你们有什么需求就说,想问什么就问。

1. 请问您当初成立公羊会的初衷是什么？

答：公羊会初创于 2003 年，在当时呢，这件事情其实并没有带有很大预见性。中华人民共和国成立以来，主要分为几个阶段，国家还比较年轻，大家都在思考人与社会的关系，思考自己在社会中应当担当的角色，都想要为国家作一些贡献。作为青年企业家，我们想先行一步，通过自己的方式来回报社会，于是我集合一些其他的海归和青年企业家，成立了公羊会这个组织，初心很简单，就是想为社会做一些有价值的事情，具体做什么，当时也没想那么多。我觉得分水岭是 2008 年的四川汶川大地震。到达现场以后，我们看到了很多状况，也都有自己的思考。我们可以在中央电视台的演播厅里面拉横幅，上面写着自己企业捐款的数额，来表现企业的社会奉献精神，但大多数人是没有这个能力的。我觉得这个社会在灾难过去以后或者在我们生活当中会遇到各种各样我们意想不到的事情，政府的阳光总有照不到的地方，我们每个人可以把这些暂时阴暗的角落梳理出来，找到自己的定位，做一些有专业性、连续性的事情，大家在各自领域发挥自己的作用，那社会就会很丰满，国家就会丰满。2008 年的时候我们就在思考，寻找方向，确定了应急救援这个角度。因为我们发现丘陵地带多灾多难，泥石流等自然灾害多发，民间自发的救援力量就能作为政府力量的补充。虽然我们政府很强大，在应急救援中起到主导作用，但在灾难面前国家目前的应急救援理念还是不够完善，近年来我们一直在进步，但与西方国家成熟的防灾救灾体系相比也还有一定差距。与其等待政府，我们不如自己行动起来，去做一些灾难的预防和救援工作。从最初的不专业到慢慢变得专业，到现在可以引领社会救助力量发展，我们的发展也可以提高体制内的救援水平发展。公羊队从自发的民间公益组织到找到自己的方向，慢慢发展起来。目前公羊队有几条线，除救援之外，还有公益大学、助老助残和"24 小时公益急寻"项目，这些都是经过我们的研究，认为是社会真正需要的热点的问题，还有政府无暇或没有精力做得更好的地方，我们来支撑推一把。

2. 公羊队从成立到现在已经取得了很多成就和荣誉，应该积累了不少经验，您作为领导人，您觉得主要有哪些经验可以供其他救援组织借鉴呢？

答：我觉得公羊队从现在来看的话，取得的社会反响和社会荣誉主要还是要感谢政府和社会各界对我们的认可，这也是鞭策我们志愿者继续努力的动力。那么目前公益组织最大的问题主要有三个，一个是发展的动机，好的公益组织之所以能够存活下去，一个很重要的原因就是有自己的目标和规划。有些公益组织政府给的活什么都想做，大活小活都想揽，专注度不够，所以不能够很好的发展。公益组织一定要专注而且要专业。第二呢，就是公益组织对项目目标的见解。有些公益项目是可以长期进行下去的，例如对一些罕见的疾病的关注和对弱势群体的关怀，可以长期做下去。而像免费午餐就是一个短期的项目，因为这个九年义务教育，小孩子吃午饭是最基本的保障，这个的出发点是想政府关注这个事情，当政府关注了，这个项目也就结束了，所以大家要看你这个项目是要长期发展下去还是短期，项目目标的锁定并不是一成不变的，要有独到的见解。第三点，我觉得做公益最麻烦的是耐心。中国的公益刚刚开始，公益组织现在面临最大的问题是财政来源，财政来源不足导致有些公益组织吸收不到真正一流的人才。像西方国家，他们都有相应的政策保障和福利保障，比如联合国和其他一些优秀的公益组织对人才的要求甚至会高于企业对人才的要求。目前我们的公益组织普遍缺少自我造血功能和稳定的资金来源，这需要我们的社会去不断完善，我认为《中华人国共和国慈善法》的制定不仅仅是规定了方向，制定了法律法规，更多的还是一种引导作用，让社会都能看到公益组织对社会发展的重要作用。在国外，像日本、美国，企业将钱捐给合法的公益组织就跟交税一样，钱由企业捐给社会组织，社会组织就可以更好地服务社会，这与政府的工作实际上是相一致的。而在我国，企业对于捐赠还没有强烈的意识，并且捐赠的渠道也不畅通。不过另一方面，公益组织也要得到社会的认可和信任，财务透明，这样才能形成一个良性循环我觉得目前中国的公益组织，偏向于扁平化，很少有大规模的社会公益组织，这在一定程度上会降低效率，但从另一方面来看，小也有小的好处，可以做自己专注的事情，比如小的基金会就可以做大的基金会分包下来的项目，形成一个合力，承接大组织的任务，大家一起把事情做好。并且小的组织可以适当把眼光放低一点，比如说我负责一个街道，我就把这个街道的事情做好，这也是很重要的。

3. 请问公羊队发展过程中有哪些难处，或者对政府有哪些呼吁呢？我们的政府政策有哪些亟待完善的呢？

答：我简单说说个人的看法。《中华人国共和国慈善法》当然首先有积极的方面，它让慈善有法可依，但从长远角度来看，这还远远不够，因为在有些地区，《中华人国共和国慈善法》没法完全执行，它太模糊了。我国地区发展不均衡，要在沿海发达地区和内陆相对落后的地区之间达到政策的相通比较困难，所以我认为国家应该更开放一些，允许各省以不同的标准来执行《中华人国共和国慈善法》，以自己对法律的理解来更加灵活地进行操作，这样才会更加公平。你们也可以通过学界或者人大这样的组织来呼吁一下。

4. 我们从图片和视频上也看到过您参加过多次救援，您能谈谈让您印象深刻的一次亲身救援经历吗？您认为哪次救援最具有典型意义呢？

答：我觉得其实每次救援给我的印象都非常深刻，但是如果要举两个例子的话，我就简单说一下吧。一次是前年的时候我们去巴基斯坦，那次情况比较特殊，地震的地方在巴基斯坦和阿富汗交界的地方，震源在阿富汗，受灾的地方在巴基斯坦。而这个地方聚集着四股力量，并且处于巴基斯坦政府管辖的边缘地区，很多地方实际上都是处于部落武装的管辖之下，所以情况特别复杂。在这种情况下，我们的医疗队在受到巴基斯坦红新月会邀请进行人道主义救助的时候，也考虑到了这种政治的复杂性和安全问题，在进行评估风险时也很犹豫，我们把这些风险都列了出来，需要大家签免责协议，但让我惊讶的是，在这样大的压力下，几乎没有队员退缩，大家并不是训练有素的军人，都是有家有业的人，但都义无反顾地冒生命危险去救援，这让我非常惊讶，也非常感动。我到现场看了以后，决定以后把这种救援项目列为非必要项目，因为我们去的地区，最核心的一个地方就是当年本·拉登被击毙的地方，这里直到我们去的一个星期前还在战斗，刚刚有六名警察殉职，形势非常复杂，你根本预测不到会有什么样的事情发生，所以整个救援工作也是处于一个非常紧张的状态之下。但是大家都不辱使命，出色地完成了人道主义救助这样一项工作，为当地的所有伤病员提供医疗救助，现在来看，仍然能感受到我们队员的伟大。我觉得在和平年代，喊喊口号是很容易的，但是真到了实战环境，不一定每个人都有这种勇气和实力来出色地完成任务。

5. 说到这里，何会长，我想打断您一下，我想问您一下，像这种危险性很高的国际性救援，如果我们的志愿者不幸遇到什么问题，国家有相应的法律法规或者会有什么救助或者补救的措施吗？

答：首先我们要明确一点，这是一种志愿者行为，志愿者需要为自己的行为负民事责任，政府并没有指派你去做这件事情，所以我觉得这是一种自发的行为，但是从国家的层面来讲，如果一个公民在国外遇到问题，国家肯定会有考量。好在我们现在并没有发生这样的事情。我们在救援的时候，与当地的大使馆肯定会有联系，但是如果一旦发生事情，问题就会很复杂。大体来讲，我认为，志愿者是抱着一种完全的奉献精神在做这个事，这是非常不容易的，敢于面对风险、迎接风险，不是每个人都能做得到的，这是我们公羊队队员，或者说是我们公羊队组织能够走到今天的一个非常重要的精神。

接第5问：

答：第二个例子呢，就是去年在丽水刚发生的特大山体滑坡事件。从接到任务到任务结束，四五天的时间里，公羊队的连续作战能力，包括我们队员的发挥的作用，大家也都是有目共睹的。其实这就像是常态救援，是我们的家常便饭。我记得有一天的救援结束之后，我和建德人武部的一个部长坐在路边在一起吃当天的第一顿饭，他非常有感触地对我说，你们这些队员都不是职业的救援队员或专门的政府组织人员，但是一天的紧张救援下来，他们并没有流露出一点畏惧和怨言，真的是非常不容易，在自己的生活之外还能有这份意愿与精力来参与这样的公益行为，没有经历过的人是不会懂的。的确，一些简单的志愿活动，可能大多数人都能做得来，但是真能够在极寒极热的天气中连续作业并且直面危险和死亡，是非常不容易的。我记得在尼泊尔救援回来的时候，我们队员一打开包，就能闻到一股尸臭的味道。

6. 请问在救援的时候最长是连续作业多长时间呢?

答：在专业的救援当中是不能这么讲的，因为为了保证救援效率，我们都是梯队作业。但是在应急状况下，一个队员连续 24 小时甚至 48 小时超负荷工作是很正常的事情。

7. 您在救援过程中面临着许多危险，请问您的家人对您做公益的态度是怎样的呢?

答：其实我的家人们是很平凡的，在日常生活中我也不会刻意去描述那些危险的片段，反倒是我的队员们，面对的危险和挑战比较多。我觉得家人理解这个事情，一个是信任和肯定，认同公益的意义；另一个是相信我们对问题的驾驭能力，在信息对称的情况下，我认为这是 OK 的。但是要说一点担心都没有，那是不可能的，这种话我没有反复问过我的家人，但就像孩子在外求学、工作一样，父母肯定是会关心、担心的，这是很正常的，关键看你怎么应对。当我的队员在外面进行救援时，我也是会关心的，因为我们这不是作战，要求牺牲精神，我们要最大程度保证队员的安全。所以我觉得，首先家人要理解，这是毫无疑问的，第二个呢，就是要对安全风险进行一定的把控。我们的社会需要这样敢于做事情、担风险的人，这样才能推动社会发展。

8. 您在执行非常危险的任务之前会提前告知您的家人吗? 如果他们知情的话会劝阻您去吗?

答：其实我前面已经说过了，对于这种事情我也是客观描述，对于救灾现场发生的事情，我们也无法预知，主要还是靠事后的评估。我们不牵扯到政治、宗教等复杂的因素里面，其实也没什么。

不要只看到救灾，我们也有许多其他项目，比如说助老服务，"24小时急寻"项目等润物细无声的事情我们每天都在做。所以焦点不必都放在救灾上面，那都是过去的事了，我们还要迎接新的挑战。想想现在老人走失的事情每天都在发生，如何让这些老人安全的走回来，都是我们要努力的方向。像我们的队员可能今天帮助一位走失的老人回家不会有媒体报道，但这难道不伟大吗？这不也是一条鲜活的生命吗？这都是我们身边每天都在发生的事。我觉得一个好的公益组织还是要找准自己的定位，并且不仅是自己在做，还能形成感染力，通过传播影响他人，呼吁他人加入到志愿活动中来。像我可能不会影响这位妹妹加入应急救援行动，直面危险和死亡，一是你的专业技能还达不到这个水准；二是也没必要。但我可以影响你以后成为一名陪老救老的志愿者，你可以通过我们的培训，每周花几个小时的时间来陪伴老人，帮他们解除孤独。这就是公益。

9. 您觉得在救灾的过程当中社会救援组织与政府可以怎样更好地配合或者说有哪些需要改进的地方吗？

答：从专业救灾的角度来讲，不管是资源的配备还是人员物资的调动，政府都是占主导地位的，民间力量再强大，也不可能超越政府。但是我觉得在社会问题的解决和救灾能力上，社会救援组织与政府二者之间的关系是互补的，并不矛盾。社会救援组织的定位，应该是政府力量的补充，政府力量和民间力量相结合，正好形成一个梯队建设，这样一来，政府就不必过多建设，可以节省社会资本，同时社会救援组织要适度，你的能力评估做的事情上面刚好补位。不是每一个社会救援组织都要像公羊队这样进行大量投入，我们是因为有企业的支持，长期积累下来才慢慢有今天的规模，如果每个社会救援组织都向我们一样投入，一来是没必要，二来也会造成资源浪费。民间组织在救援当中发挥着不同的价值作用，不必每个人都冲上去当英雄，我们都把自己的事做好了，这才是一个完满的社会。成熟的公益，需要成熟的心态，我们的社会浮躁了这么多年，也该静下心来了，如果每个人都能找到自己的定位，做自己喜欢的事情，那就很好。

10. 会长您刚才说公羊会有强大的企业支持，请问您可以大致跟我们说一下公羊会的资金来源和构成吗？

答：公羊会做了很多公益事业，也花了很多钱，这些钱基本上都是靠我们的会员企业一起来承担的，当然也有部分的政府支持，这个也是看得到的。总体来讲，像我们这样每天在找事干的人，钱永远是不够的，希望我们有更多的资金配合，才能做更多的事情。每一次救灾工作在启动的时候，就已经开始消耗资金了，所以没有一个雄厚的财力支撑的话，是寸步难行。从一个成熟的公益组织来讲，要想长效的发展下去，一呢，还是要做好自己该做的事情；第二呢，千万不要浪费手头的资源；第三，要充分利用社会、政府等各方面的能力，把资源匹配好。在专业救援中，大型的装备应该是由政府来提供的，社会更多的是提供一些资源。社会组织其实是一个动员机构，更多的是把我们社会组织的成员通过一些培训和有效的组织，把他动员起来，我认为这是社会组织的一个主要作用。在真正的社会救援过程当中，应该发挥社会群体效应，有钱出钱，有力出力，这个时候我们才能通过这样有机的结合，最大程度上发挥社会化的能力。如果这个过程倒过来，变成社会组织花很多钱在效率很低的资产上面，在社会救援过程中又没有一个很好的管道，把社会企业和政府资源调动起来，这样的社会救援组织是走不远的。我觉得社会组织最重要的还是协调能力，从我们这个组织来讲的话，不是说我们很有钱，我们完全是一个自发的民间组织，但是我们取得的社会效果不比那些有更强资金调动能力的组织差的原因，就是我们对社会资源的整合能力和运筹帷幄的能力。我们经常要做四两拨千斤的事情，把社会力量和每个人的积极性调动起来，这样才会有效果。

附录4 社会救援组织的 SWOT 及 SLEPT 分析

（一）SWOT 分析

方法介绍：所谓 SWOT 分析，即基于内外部竞争环境和竞争条件下的态势分析，就是将与研究对象密切相关的各种主要内部优势、劣势和外部的机会和威胁等，通过调查列举出来，并依照矩阵形式排列，然后用系统分析的思想，把各种因素相互匹配起来加以分析，从中得出一系列相应的结论，而结论通常带有一定的决策性。

根据调查结果，我们对社会救援组织——公羊队为例进行了 SWOT 分析。结果如下图所示：

表附 4-1 SWOT 分析表

	优势（S）	劣势（W）
	1. 社会救援组织遵循就近救援的原则，比起政府救援队更加熟悉当地情况，救援反应速度较快。就近救援使得持续帮助灾区进行灾后重建工作成为可能。 2. 例如：汶川地震后蓝天救援团队逐渐壮大、正规化、专业化，从单一的山野救援转向自然灾害和事故综合救援。各项专业化水平不断上升，使得自身在一些特殊救	1. 经费不足。不少社会救援组织虽然能够得到企业的募捐，就如报告前文提到的内容，因难以实现民政注册，遇到"身份"的尴尬。如此一来，这些公益组织接受捐款和捐物时，企业和个人不敢与其开展深入的合作。而支撑公益组织生存和发展的中坚力量——志愿者，也出现流失的现象。 2. 社会救援组织缺乏更高层面的引导和沟通，前后方信息不足，救援活动有一定盲目

续表

	援上比国家救援队更具专业优势。 3. 国外社会救援组织发展势头较好，为国内社会救援组织的发展提供经验与借鉴。如在墨西哥大地震中立下汗马功劳的"托波斯"以及美国救援协会①等	性。走访时，政府工作人员曾多次提到社会救援组织不清楚前方信息也未配备专业设备，仅凭一腔热血往灾区冲，导致道路堵塞，救援现场混乱的情况。 3. 许多社会救援组织社会群众知名度不高，缺乏民众的信任与配合。 4. 各个社会救援组织之间，未能实现良性的协同机制，信息共享不足。我们在走访中了解到社会救援组织更多是单独进行活动，合作较少，全国范围内救援队相互沟通信息平台严重不足。 5. 救援水平良莠不齐。由于慈善业在中国起步较晚，公益慈善领域的专业人才奇缺，缺少专业性也影响着社会救援组织的发展。
机会（O） 国内：政府在一定程度上支持社会救援组织的发展，给予补贴，引导其发展。 随着政府职能转移与购买服务等行政体制改革进程的逐步推进，社会救援组织地位不断上升。2010 年《自然灾害救助条例》的出台和 2016 年《中华人民共和国慈善法》的颁布实施，为规范慈善活动有序运行、促进慈善事业健康发展提供了法治保障，为社会救援组织营造了良好的发展环境。 国外社会救援组织发展势头较好，为国内社会救援组织的发展提供经验与借鉴。	机会、优势组合（SO 战略） 1. 在本地发生险情时，社会救援组织可以作为政府的先头部队，争分夺秒开展救援活动，节省资源调度时间。 2. 与政府进行对接，与政府分工合作，听从政府的统一指挥，增强救援力量，并帮助当地灾民，与政府携手做好后勤和灾后重建等工作。 3. 积极学习和借鉴外国救援队的装备技术和组织运营方式，为救援组织注入更多的活力。 4. 有针对性的面向社会青年群体做一些宣传活动，提高组织在社会群体的知名度，为组织后	机会、劣势组合（WO 战略） 1. 政府与社会专业团体组织提供帮助 救援知识技能专业定期培训，并配以专业的设备。公羊队演戏训练培训，与高校专家学者展开专业性救援知识合作。 2. 建立社会救援组织之间的沟通平台，规范各组织相互沟通的模式，当灾难来临时，统一服从政府调度指挥，实现信息共享，相互配合，将效率最大化。 3. 救援人员注意救援方式和救援态度，在民众心理留下一个较好的印象。 4. 社会救援组织要与政府保持密切的联系，获得政府的信任，并获取救灾信息，明确救援方向。

---

① 美国救援协会为全国性组织，成立于 1950 年，各州都有它的分会，救援协会所有成员全是志愿者。

续表

当代社会群体对于参与志愿活动和承担责任的热情较为高涨。	备志愿者的扩充做好准备。	
威胁（T） 1. 国内环境：新闻报道公益组织顶着公益的旗号谋取私利，激发民众对该类组织的不信任感。 2. 救援风险：救援活动风险较大，独立的保险保额高，多数社会救援组织自身无法负担，队员的生命安全没有保障。 3. 制度保障：社会救援组织的志愿者大多是有正式工作的兼职，救援活动和本职工作间会有较大的矛盾冲突。	威胁、优势组合（ST 战略） 1. 社会救援组织遵守各项法律法规，公开透明各项重要信息。 2. 社会救援组织应利用自己较为接近民众的优势，向民众展示组织发展现状和成就，树立较好的组织形象。 3. 风险评估。 4. 法制需要健全完善，在这一点上，借鉴国外，立足国情。	威胁、劣势组合（WT 战略） 1. 财务公开制度法律在组织的声誉信任度都较低的时候，社会救援组织应联合政府，加强组织透明度宣传活动，提升社会救援组织在民众当中的形象。 2. 借鉴美国政府的做法，政府可设立救援项目资金，例如，美国救援协会作为一个全国性志愿者组织，得到政府的"优惠"政策——救援协会、救援中心的办公地点由政府提供；救援协会购置车辆、器材等享受免税；救援志愿者参加培训和救援工作时，他所就职的部门须无条件支持，不扣薪水；援助工作与军队、警察、保险、医疗等部门密切合作，救援中广泛使用的直升机由军队提供，救援狗由警方提供。根据社会救援组织据实际需求提出的救援项目或灾后重建项目提供资金帮助。 3. 政府应完善有关社会救援组织以及其救援成员的相关法律法规，在统一规范其活动行为的同时，保障他们的合法权益，鼓励公益事业的发展壮大。

（二）SLEPT 分析

方法介绍：SLEPT 分析，即对影响组织的社会的（Social）、法律的（Legal）、经济的（Economic）、政治的（Political）和技术的（Technology）外部环境因素进行分析。如表：

表附 4 - 2   SLEPT 分析表

社会（Social）	利：与人民生活水平提高。广大民众渐渐认识到社会救援组织存在的重要性；普通民众对志愿活动的信任度提高；随着公民社会责任意识的不断增强，参与志愿活动的热情也越来越高涨。 不利：不少人对社会救援组织发展与运行持怀疑或保留态度。
法律（Legal）	利：1.《中华人民共和国慈善法》①（2016 年 3 月 16 日第十二届全国人民代表大会第四次会议通过）本法自 2016 年 9 月 1 日起施行。《中华人民共和国慈善法》的颁布和实施有利于社会救援组织在法律的规范与保障下发展壮大。 2. 地方政府扶持社会救援的规章制度不断完善。 不利：中国政府还没有就如何开展和完善志愿者工作建立一套完善的法规，志愿活动的开展依然存在许多问题。 政府民政部注册登记规定门槛高
经济（Economic）	利：十八届三中全会提出进一步深化经济、政治、文化、社会和生态文明"五位一体"的全面改革，是对四十年改革历程的全面总结和新一轮改革的进军动员，为社会组织的发展提供了较好的大环境。 不利：在我们小组接触的几家社会救援组织或团体中，小组成员达成一个共识：社会救援组织具有结构简单、流程清晰、财务相对透明、做事细致的优势，不过，除了面临内部管理、捐助渠道等问题外，没有足够的筹资能力和相对固定的善款来源也是社会公益明显的短板。
政治（Political）	利：1. 国内：政体优势：人民当家做主。 2. 国际政治环境较稳定。
技术（Technology）	利：1. 救援装备越来越普及，成本有一定下降。2. 社会救援技术水平越来越向职业化靠拢。3. 在提供国际援助的同时，考虑借助他国技术提升自身装备技术，共同服务于周边安全。 不利：技术装备安全堡垒，发达国家科技先进，我国正处于发展阶段，技术开发发展相对处于不利地位。

① 《中华人民共和国慈善法》，是为了发展慈善事业，弘扬慈善文化，规范慈善活动，保护慈善组织、捐赠人、志愿者、受益人等慈善活动参与者的合法权益，促进社会进步，共享发展成果，制定的法律。

附录5 ROST 软件分析新闻材料

胡平：《表现活跃行动迅速社会公益组织参与水灾救援》，《京华时报》2011 年。

袁碧霞：《社会救援组织：走出"野蛮生长"》，《半月谈网》2015 年。

王晓易：《社会版应急救援走入"体系化"》，《西安晚报》2016 年。

赵雅：《浙江富阳公狼队鲁宪根：执着大爱的社会公益者》，中国网 2016 年。

陈蔚林：《经费不足不被理解海南社会应急救援究竟路在何方?》，《海南日报》2016 年。

孙雅茜：《"看，那个空中飞人!"数支社会救援队伍英姿飒爽亮相慈展会》，《南方都市报》2016 年。

陈丽园：《海口市社会灾害应急救援队：救援和做公益是快乐的根源》，《海口文明网》2016 年。

林先昌：《台风来袭时网友：社会救援队伍之间存在缺乏统一协调问题》，《东南网》2016 年。

柴燕菲：《公羊队厄瓜多尔地震实录无国界救援彰显中国大爱》，中国新闻网 2016 年。

陈健：《"公羊队"六位队员昨天从杭州出发这是杭州最早赶赴灾区的社会力量》，《都市快报》2013 年。

陈胜男：《让社会力量更好地发挥应急救援作用》，《宁波晚报》2016 年。

刘晓楠：《公羊队学开扫雪车抗雪防冻应急队伍新增社会力量》，杭州网 2013 年。

张丽：《除夕的坚守！公羊队成大陆首支救援高雄地震社会救援力量》，浙江在线 2016 年。

施宇翔：《浙江首支专职消防队赶赴灾区曾参与汶川地震救援复制链接》，浙江在线 2013 年。

应广宇：《浙江科地公羊队已到达丽水苏村划破现场全方位参与救援》，新蓝网 2016 年。

陈伟斌：《公羊队：我们一直在努力》，《钱江晚报》2014 年。

曹浩骏：《18 位公羊队队员通过最严考核入选直属队伍》，《青年时报》2014 年。

桑慧：《政府如何采购社会应急救援服务》，《民营经济报》2011 年。

魏海洋：《社会应急救援人员有大爱为帮他人苦练兵》，开封网 2016 年。

胡子华：《蓝天救援队：救援现场，如何实现专业》，《腾讯文化》2015 年。

王焱：《社会救援力量需要扶持规范》，《人民日报》2013 年。

红十字会：《红十字会组织社会救援力量开展应急救援工作的一次成功尝试》，中国金华门户网站 2016 年。

赵钊：《社会救援队尴尬身份陷入孤独被动境地》，《华商报》2014 年。

《社会紧急救灾亟须长效协调》，《新京报》2014 年。

江晨：《全省社会救援队伍整装待命》，《浙江日报》2016 年。

王宇飞：《社会救援爱心背后有烦恼》，《西安晚报》2013 年。

孙启孟：《青岛蓝天救援队成为国内最强社会救援队》，齐鲁网 2016 年。

毛振华：《中国社会通航力量亟待完善救援机制》，新华网 2013 年。

金许斌：《公羊队昨夜凯旋进入台南震区救援前曾签"生死

状"》，浙江在线 2016 年。

桑慧：《应充分发挥社会救援组织的作用》，《民营经济报》2011 年。

李松：《社会救援的现实图景》，《瞭望东方周刊》2012 年。

罗瑞垚：《社会救援队入紧急灾区须先提申请获准后可进》，财新网 2016 年。

吕玥：《浙江"公羊队"赶赴灾区救援》，《浙江日报》2016 年。

朱宏源：《业内：社会力量参与救助不可或缺救助能力仍须提高》，央广网 2016 年。

韩玮：《社会救援："配角"的力量——在灾难中成长，助政府一臂之力》，《时代周报》2013 年。

胡喆：《我国首个社会救援组织规范发布：助力灾害应急救援》，新华社 2016 年。

李萌：《中国社会救援队感动厄国百姓》，《环球时报》2016 年。

徐健辉：《社会救援的"微力量"》，金华新闻网 2016 年。

冯丽：《社会公益救援队：救灾中一抹亮丽的色彩》，人民政协网 2016 年。

卢明、李永明、丁国彬、黄冠林：《社会公益救援队：生存得直面四道坎一线不足 20 人》，《济南时报》2016 年。

李岩：《谁来救赎社会户外救援力量》，大河网 2015 年。

王学进：《谁来为社会救援队保驾护航》，人民网 2015 年。

朱忠保：《社会救援行为还需有资金保障》，《南方法制报》2015 年。

高震：《社会救援行为还需有资金保障》，《新文化报》2014 年。

《中国社会组织首次协同开展国际救援》，《中国青年报》2015 年。

李强：《社会公益救援遭遇资金难题》，《南方日报》2015 年。

许竹：《杭州派出大陆首支社会救援先遣队前往高雄》，东方网 2016 年。

孙欣、王文齐：《谁为社会"超人"保安全》，《河南日报》 2015 年。

田甜、王欣、林丁：《蓝天救援队：纯公益社会急救组织"救"在身边》，乳山网 2016 年。

《重大灾难面前必须要有社会救援力量加入》，民航资源网 2016 年。

傅芳芳、朱相宜：《社会抗台救援力量集结拟调动急救直升机营救灾民》，《温州晚报》2015 年。

《社会救援队的"高科技"》，《宁夏日报》2015 年。

李鹏：《浙江社会救援力量集结待命消防专家教你地震后如何自救》，浙江在线 2016 年。

王秀宁：《跨国社会救援：行动比完美更重要》，《南方都市报》2015 年。

许庆来：《杭州首次引进社会专业力量组建水上交通应急救援队》，"中国杭州"政府门户网站 2016 年。

刘世昕：《外交部：对中国社会救援力量表示敬意》，中青在线 2016 年。

陈小向：《社会救援队：仅靠媒体信息指引找不到协调机构》，《都市快报》2013 年。

谢晨：《公羊会完成第一阶段救援任务会长何军回杭筹集资金》，浙江在线 2013 年。

刘维：《揭秘社会救援组织蓝天救援队"救"在身边竭尽所能挽救生命》，《北京晚报》2016 年。

刘林鹏：《社会救援"爱心"烦恼待解：个人找组织 NGO 多协调政府给空间》，《每日经济新闻》2013 年。

邵志凯：《社会公益组织联手救援云南地震灾区》，中国青年网 2013 年。

刘柳：《社会组织异军突起官办机构灾后救援局面改变》，《京华时报》2013 年。

刘娟：《社会应急组织托起救援半边天》，《晶报》2011 年。

姜峰：《社会救援，从山野到社区》，《人民日报》2013 年。

张静：《户外运动发展社会专业户外救援组织应运而生》，《瞭望东方周刊》2012 年。

王坤明：《省人大代表建议：扶持与规范社会救援力量》，东南网 2013 年。

《政府对社会救援组织信任度不够》，凤凰网公益 2012 年。

田铸宇：《社会救援不应在狭缝中生存》，新华网 2013 年。

宋苇：《把社会救援资源"拧成一股绳"》，《南方日报》2016 年。

王彬：《社会救援组织首次试水　全职社会招募月薪或过万》，《北京晨报》2014 年。

海量：《全国社会水上公益救援组织倡议书》，新华网 2015 年。

徐微：《别让社会救援组织孤立无援》，新华网 2016 年。

后　记

　　笔者从 2015 年参加中国应急管理学会的学术活动，并于 2016年 5 月被推荐为中国应急管理学会社区安全委员会专家委员。在参加学术会议等学会活动期间，我有幸结识了我国应急管理学界著名的专家学者，及时追踪到国内外应急管理的前沿动态和最新研究成果。在一个偶然的机会，我了解到社会救援组织近年来在我国日益壮大并发挥重要作用，从此开始关注我国应急管理领域这一新的研究课题。

　　浙江省作为我国东部经济发达省份，具有雄厚的民营经济基础和商业传统，慈善氛围浓厚。另一方面，浙江省特殊的自然地理环境使其成了我国发生台风、洪涝等自然灾害最频繁的地区之一。因此，浙江的社会救援力量既有成长的土壤，也有迫切的社会需求。根据浙江省民政厅提供的数据，截至 2017 年，全省共有正式注册登记的社会救援组织 200 余家，其中诞生在杭州市的浙江省公羊队是最早被纳入城市应急管理体系、规模最大并在国内外已经具有广泛影响的社会救援组织。

　　从 2016 年 6 月开始，我带领学生对浙江省公羊队开展田野调查。我们通过深度访谈、问卷调查、数据检索和文档查阅等方式，对浙江省公羊队的诞生历程、发展成就、机制优势、面临挑战等展开全面调研。经过一个暑假的辛勤劳动，2016 年 9 月，我指导中国计量大学丁红燕、乐妮、陈宇芩、牛新梅、李航等几名学生参加了中山大学主办的首届中国大学生公共管理案例分析大赛，我们撰写的调研报告《民间应急救援组织参与社会防灾减灾机制研究——

以公羊会公益救援促进会为例》荣获二等奖。接下来，经过层层选拔，我们的调研成果获得了第十五届"挑战杯"全国大学生课外学术科技作品竞赛三等奖、浙江省第十五届"挑战杯"大学生课外学术科技作品竞赛一等奖和浙江省大学生首届公共管理案例分析大赛三等奖。2017 年 9 月，我指导中国计量大学邵小瑜等同学申报的调研课题《社会救援组织的网络化治理——以浙江省公羊队为例》被立项为 2017 年度国家级大学生创新创业训练计划项目。2018 年 6 月，我指导乐妮同学完成的毕业论文《社会救援组织的网络化治理机制研究——以浙江省公羊队为例》顺利通过学士学位论文答辩，成绩优良。

在前期调研基础上，我进一步借鉴网络化治理理论和 NPO 治理理论的最新研究成果，不断充实和深化课题相关研究结论。至 2018 年 6 月，我完成了 15 万字的研究报告，相关阶段性研究成果先后发表中英文期刊论文数篇，其中中文一级期刊论文 1 篇、英文 EI 收录期刊论文 1 篇，研究成果"NPO 的社会责任及其网络化治理——以社会救援组织为例"被批准为 2018 年度杭州市哲学社会科学规划课题基地重点项目（编号 2018JD47）。围绕该研究主题，本课题基于网络化治理理论和探索性案例分析，运用扎根理论分析、问卷调查和统计分析等方法，进一步研究社会救援组织的社会责任及其治理机制。2019 年初，我受学校派遣到中国标准化研究院公共安全标准化研究所脱产学习，有机会参与了国家"十三五"重点研发计划项目"社会化应急服务技术标准体系及现场风险管理关键技术研究"（编号 2018YFC0810600）的研究工作，与秦挺鑫博士等人合作，从标准化的理论视角继续完善本书研究内容，提出了完善社会救援组织治理机制的标准化战略。2019 年 6 月最终完成呈现给读者的这部专著。

本成果研究前后历时三年有余。在前期调查、资料收集、学科竞赛和论文撰写等相关研究过程中，中国计量大学丁红燕、乐妮、陈宇芩、牛新梅、李航、邵小瑜、李斐然、李忻祖、方静、沈佳融等同学付出了辛勤的劳动。我指导的硕士研究生高璐同学参与了部分章节的资料收集工作。本书的研究先后得到了中国计量大学多位老师的指导和帮助。该研究曾得到浙江省公共政策研究院副院长、浙江大学公共管理学院教授、博士生导师蔡宁，中共中央党校（国家行政学院）应急管理培训中心副教授邹积亮，北京师范大学社会发展与公共政策学院副院长、教授张强等专家学者的咨询指导。在调研过程中，中国标准化研究院公共安全标准化研究所、浙江省民政厅救灾处、杭州市江干区民政局、浙江省救灾协会、浙江省公羊队、中国蓝天救援队、杭州滴水公益等相关单位曾给予积极配合和帮助。在本书出版过程中，中国社会科学出版社王莎莎编辑做了大量工作。在此一并表示真诚的谢意！

王卫东

2019 年 8 月